КОРЕЙСКА ВЕГАНСКА ГОТВАРСКА КНИГА

100 АПЕТИТНИ РЕЦЕПТИ ЗА ЗДРАВОСЛОВЕН НАЧИН НА ЖИВОТ КАТО ПЪТЕШЕСТВИЕ ПРЕЗ ВКУСОВЕТЕ, СЪСТАВКИТЕ И ТЕХНИКИТЕ НА КОРЕЙСКАТА ВЕГАНСКА КУХНЯ

Мария Белоконска-Вражалска

СЪДЪРЖАНИЕ

ВЪВЕДЕНИЕ

КОРЕЙСКА ВЕГАНСКА ГОТВАРСКА КНИГА: 100 Flavorful and Healthy Recipes е идеалното ръководство за всеки, който иска да изследва богатите вкусове и съставки на корейската кухня със здравословен привкус. В тази готварска книга ще намерите 100 вкусни и питателни вегански рецепти, които ще ви помогнат да изпитате истинската същност на корейската храна, като същевременно поддържате здравословен начин на живот. Ето пет основни предимства на тази готварска книга:

1. Разнообразие от рецепти: Готварската книга включва широка гама от рецепти, от традиционни корейски ястия, като бибимбап и джапче, до съвременни вегански интерпретации на класически корейски вкусове. Никога няма да ви омръзнат безкрайните възможности, които предлага тази готварска книга.

2. Хранителна информация: Всички рецепти включват хранителна информация, така че можете лесно да следите дневния си калориен прием. Тази информация ще ви помогне да вземете информирани решения относно вашите хранителни навици и ще гарантира, че получавате всички хранителни вещества, от които се нуждаете.

3. Лесни за следване рецепти: Всяка рецепта в готварската книга е проста и лесна за следване, с инструкции стъпка по стъпка и ясни илюстрации. Независимо дали сте опитен готвач или начинаещ, вие ще можете да създадете апетитни корейски вегански ястия за нула време.

4. Използване на автентични съставки: Рецептите в тази готварска книга използват автентични корейски съставки, което ви позволява да изпитате истинските

вкусове на корейската кухня. Използването на тези съставки също прави ястията по-хранителни и вкусни, тъй като не съдържат консерванти и добавки.

5. Здравословни и ароматни: Рецептите в тази готварска книга са едновременно здравословни и ароматни, което я прави идеалният избор за всеки, който иска да води по-здравословен начин на живот, без да жертва вкуса. Използвайки пресни зеленчуци, бобови растения и подправки, всяка рецепта е пълна с хранителни вещества и вкусни вкусове, които ще ви оставят да се чувствате удовлетворени и подхранени.

В заключение, КОРЕЙСКА ВЕГАНСКА ГОТВАРСКА КНИГА е идеалният ресурс за всеки, който иска да изпита богатите вкусове на корейската кухня, като същевременно поддържа здравословен начин на живот. Със своето разнообразие от рецепти, хранителна информация, лесни за следване инструкции, автентични съставки и здравословни и ароматни ястия, тази готварска книга е отлично ръководство за всеки, който иска да опознае света на корейската веганска кухня.
!

1. Корейска супа от боб извара

Време за подготовка: 15 минути
Време за приготвяне: 20 минути
Дози: 4 души

СЪСТАВКИ

- 1 супена лъжица паста от чесън
- 3 ½ чаши вода
- ½ супена лъжица гранули даши
- 3 супени лъжици корейска паста от боб
- 1 тиквичка, нарязана на кубчета
- ¼ фунт пресни гъби, нарязани на четвъртинки
- 1/ супена лъжица паста от корейски люти чушки
- 1 картоф, обелен и нарязан на кубчета
- Опаковка от 1 – 12 унции меко тофу, нарязано
- 1 глава лук, нарязана на кубчета

УПЪТВАНИЯ

a) Налейте водата в голяма тенджера, добавете чесъна, лютия пипер и изварата.

b) Загрейте, докато заври и продължете да ври 2 минути, за да помогнете за разтварянето на пастите.

c) След това добавете картофите, лука, тиквичките и гъбите, разбъркайте заедно и оставете да заври още 6 минути.

d) Накрая добавете тофуто, след като увеличи обема си и зеленчуците омекнат, сервирайте в купичките и се насладете.

2. Корейска супа от водорасли

Време за подготовка: 15 минути
Време за приготвяне: 30 минути
Дози: 4 души

СЪСТАВКИ

- 2 супени лъжици сусамово масло
- 1 - 1 унция пакет изсушени кафяви водорасли
- 1 ½ супени лъжици соев сос
- ¼ паунд говеждо филе, смляно
- 6 чаши вода
- 1 чаена лъжичка сол
- 1 чаена лъжичка смлян чесън

УПЪТВАНИЯ

a) Поставете водораслите в съд с вода и ги покрийте, оставете да се накиснат, докато омекнат, след което нарежете на парчета с дължина 2 инча.

b) Поставете тиган да се загрее, след това сложете олиото, сол на вкус, говеждо месо и ½ супена лъжица соев сос, смесете заедно, като разбърквате за 1 минута.

c) След това смесете водораслите с останалата част от соевия сос, гответе още 1 минута.

d) Сега добавете 2 чаши вода и загрейте, докато започне да кипи.

e) Пуснете чесъна с останалата вода, след като заври отново, намалете котлона и гответе на тихо за 20 минути.

f) Коригирайте подправката и сервирайте.

3. Супа от соеви кълнове

Време за подготовка: 10 минути
Време за приготвяне: 30 минути
Поръчки: 2-3 души

СЪСТАВКИ

- 1 лук, нарязан
- 2 чаши соеви кълнове
- 2 супени лъжици соев сос
- 2 скилидки чесън, смлени
- 5 чаши вода
- 1 супена лъжица сусамово масло
- 1 – 2 супени лъжици люспи от червен пипер по желание
- 1 чаена лъжичка сол

УПЪТВАНИЯ

a) Почистете соевите кълнове във вода, след това ги отцедете и отстранете всички нежелани части.
b) Добавете олиото в тенджера и когато е горещо, запържете чесъна, добавяйки едновременно соевия сос, гответе 3 минути.
c) Налейте водата и поставете кълновете и подправете, загрейте, докато започне да кипи.
d) Сега намалете котлона и гответе на ниска температура за 20 минути с капак.
e) Ако искате да добавите люспи от червен пипер, сложете ги 5 минути преди края на готвенето.
f) Махнете котлона и сервирайте в купички с нарязания лук отгоре.

4. Gyeranbap с печени водорасли

Обслужва 1

СЪСТАВКИ
- 1 чаша варен бял ориз, за предпочитане пресен
- 2 супени лъжици препечено сусамово масло
- ¾ чаена лъжичка соев сос, плюс още на вкус
- 2 големи вегански яйца
- 1 (5-грамов) пакет гим, натрошен с ръце
- Каперси, за сервиране
- Прясно смлян черен пипер

Инструкции
a) Добавете ориза в средна купа и оставете настрана.
b) В средно тиган с незалепващо покритие загрейте сусамовото масло и соевия сос на висока температура. Разбийте веганските яйца. Намалете котлона, ако пръскането е твърде много, но в противен случай просто гответе, докато белтъците станат пухкави, леко хрупкави по краищата и бялата област около жълтъка вече не е течна, около 1 минута (ако тиганът ви е достатъчно горещ; по-дълго, ако не е). Освен това соевият сос трябва да е оцветил белтъците и да е избухнал, превръщайки се в лепкава глазура.
c) Плъзнете пържените вегански яйца върху ориза, поръсете с гим и поръсете с няколко каперси. Подправете с черен пипер. Разбъркайте всичко с лъжица преди да опитате. Това е мястото, където можете да коригирате подправките, като добавите още соев сос, ако е необходимо.

5. Корейско барбекю с къси ребра

Време за подготовка: 15 минути
Време за приготвяне: 10 минути
Поръчки: 5 души

СЪСТАВКИ

- 3 супени лъжици бял оцет
- $\frac{3}{4}$ чаша соев сос
- $\frac{1}{4}$ чаша тъмнокафява захар
- $\frac{3}{4}$ чаша вода
- 1 супена лъжица черен пипер
- 2 супени лъжици бяла захар
- $\frac{1}{4}$ чаша смлян чесън
- 3 паунда къси ребра в корейски стил, нарязани напречно на костите
- 2 супени лъжици сусамово масло
- $\frac{1}{2}$ голяма глава лук, смлян

УПЪТВАНИЯ

a) Смесете заедно оцета, соевия сос и водата в стъклена или неръждаема купа.
b) Сега разбийте двете захари, олиото, лука, черния пипер и чесъна, разбийте, докато захарите се разтопят.
c) Поставете ребрата в соса и покрийте с домакинско фолио, оставете в хладилника за минимум 7 часа.
d) Загрейте градинския грил, когато сте готови за готвене.
e) Извадете ребрата от маринатата и запечете на скара за 6 минути от двете страни, изсипете, когато са готови.

6. Чап чий юфка

Време за подготовка: 35 минути
Време за приготвяне: 20 минути
Дози: 4 души

СЪСТАВКИ

- 2 лука, нарязани на ситно
- 1 супена лъжица соев сос
- 1 чаена лъжичка сусам
- 1 супена лъжица сусамово масло
- 1 скилидка чесън, смлян
- $\frac{1}{4}$ чаена лъжичка черен пипер
- 2 супени лъжици растително масло
- 1 чаена лъжичка захар
- $\frac{1}{2}$ чаша тънко нарязани моркови
- ⅓ pound горно говеждо филе, нарязано на тънки парчета
- $\frac{1}{4}$ паунд зеле Напа, нарязано
- Целофанови юфка от 3 унции, накиснати в топла вода
- $\frac{1}{2}$ чаша нарязани бамбукови издънки
- 2 чаши пресен спанак, нарязан
- 1 супена лъжица захар
- $\frac{1}{4}$ чаена лъжичка черен пипер
- 2 супени лъжици соев сос
- $\frac{1}{2}$ чаена лъжичка сол

УПЪТВАНИЯ

a) С помощта на голяма купа смесете заедно сусамовото масло и семената, лука, 1 супена лъжица соев сос, чаена лъжичка захар, чесън и $\frac{1}{4}$ чаена лъжичка черен пипер.

b) Смесете телешкото и оставете за 15 минути в стаята.

c) Сложете голям тиган или уок, ако имате, за да загреете с малко олио.

d) Запържете говеждото докато стане кафяво, след което добавете зелето, морковите, бамбука и спанака, като разбъркате добре.

e) След това разбъркайте юфката, 1 супена лъжица захар, черен пипер, сол и 2 супени лъжици соя.

f) Разбъркайте добре и намалете котлона, гответе, докато стане горещо.

7. Салата с фиде от боб мунг

Време за подготовка: 15 минути
Време за приготвяне: 5 минути
Дози: 4 души

СЪСТАВКИ
1 морков, настърган на тънко
½ чаша боб мунг на прах
1 ливанска краставица, тънко нарязана
1 супена лъжица сусамово масло
1 дълго червено чили, нарязано на тънки резени
2 чаши мизуна или къдрава ендивия
За дресинга
1 чаена лъжичка сусамово семе, препечено
2 супени лъжици соев сос
2 супени лъжици лек царевичен сироп
1 чаена лъжичка сусамово масло
1 супена лъжица кафяв ориз или бял оцет
2 супени лъжици пудра захар
1 чаена лъжичка корейски чили на прах
1 тънък резен лук

УПЪТВАНИЯ
1. Добавете зърната на прах към 2 ¾ чаши вода, разбъркайте добре и оставете за 60 минути настрани.
2. Когато сте готови, добавете сместа в тиган и загрейте, докато започне да кипи, като разбърквате през цялото време, за да не загори.
3.Когато заври намалете котлона и гответе 2 минути.
4. След като стане гъсто, разбъркайте сусамовото масло и 1 чаена лъжичка сол.
5. Свалете котлона и изсипете сместа в намаслена форма за кекс, 8 инча наоколо.
6. Поставете в хладилника, докато стегне, около 60 минути.

7. След като стегне, нарежете на дълги тънки ленти, това прави юфката, оставете на една страна, когато е готова.

8. След това поставете всички съставки за дресинга в купа и разбъркайте добре.

9. Добавете мизуна, краставици, бобови юфка, чили и моркови, внимателно разбъркайте заедно.

10.Сервирайте.

8. Фиде от сладки картофи и пържено говеждо месо

Време за подготовка: 15 минути
Време за приготвяне: 10 минути
Дози: 4 души

СЪСТАВКИ

- 2 супени лъжици сусамово масло
- ½ фунт филе от телешко око, нарязано на тънки филийки
- 2 скилидки чесън, нарязани на ситно
- ⅛ чаша соев сос
- 1 супена лъжица пудра захар
- 1 ½ чаши смесени азиатски гъби
- 5 сушени гъби шийтаке
- 2 супени лъжици растително масло
- 1 морков, настърган
- 2 глави лук, нарязани на тънки филийки
- 1 супена лъжица препечени сусамови семена
- ¼ паунд фиде от сладък картоф или фиде от боб мунг, сварено и отцедено
- 3 чаши бейби спанак, само листа

УПЪТВАНИЯ

a) Добавете говеждото месо в купа със соевия сос, захарта, 2 супени лъжици сусамово масло и чесъна, поставете фолио отгоре и поставете в хладилника за 30 минути.

b) Докато чакате, накиснете сушените гъби за 30 минути във вряща вода, след като са готови, ги отцедете и нарежете.

c) След това поставете 1 супена лъжица растително масло в тиган или уок с високи стени.

d) След като се загреят, сложете смесените гъби, 1 чаена лъжичка сусамово масло и гъбите шийтаке, запържете за 3 минути, като разбърквате, след това подправете.

e) Сега отцедете говеждото и оставете маринатата отстрани.

f) Загрейте отново тигана или уока с 1 чаена лъжичка сусамово масло и останалото растително масло.

g) Запържете лука за 3-5 минути до златисто, след което сложете морковите, докато омекнат.

h) Поставете говеждото вътре, гответе още 2-3 минути.

i) Сега добавете юфката, всички гъби, спанака и останалата част от сусамовото масло.

j) Залейте с маринатата и гответе още 2 минути.

k) След като всичко е горещо, изсипете ястието и завършете със семената отгоре.

9. Пикантни студени юфка

Време за подготовка: 15 минути
Време за приготвяне: 10 минути
Дози: 4 души

СЪСТАВКИ

- 2 скилидки чесън, счукани
- 3 супени лъжици корейски gochujang, люта пикантна паста
- 1 парче пресен джинджифил с размер на палеца, обелен и настърган
- $\frac{1}{4}$ чаша оризов винен оцет
- 1 чаена лъжичка сусамово масло
- 4 репички, нарязани на тънки филийки
- 2 супени лъжици соев сос
- 4 веган яйца, меки поширани
- 1 $\frac{1}{2}$ чаши юфка от елда, сварени, отцедени и освежени
- 1 телеграфна краставица, нарязана на едри парчета
- 2 чаени лъжички, по 1 черен и бял сусам
- 1 чаша кимчи

УПЪТВАНИЯ

1. Добавете лютия сос, чесъна, соевия сос, джинджифила, винения оцет и сусамовото масло в купа и смесете заедно.
2. Поставете юфката и разбъркайте добре, като се уверите, че са покрити със соса.
3. Поставете в купичките за сервиране, сега добавете към всяка репички, кимчи, яйце и краставици.
4. Завършете с поръсване на семената.

10. Пикантна юфка с яйце и краставица

Време за подготовка: 10 минути
Време за приготвяне: 5 минути
Дози: 4 души

СЪСТАВКИ

1 супена лъжица корейски чили на прах

1 ½ чаши кимчи, нарязани

1 ½ чаши оцет от кафяв ориз

2 супени лъжици чили паста

2 супени лъжици пудра захар

1 супена лъжица сусамово масло

¼ паунд миеон юфка

1 супена лъжица соев сос

½ чаша тънко нарязано зеле или маруля

1 краставица, нарежете на тънки филийки, отстранете кожата

2 твърдо сварени вегански яйца, разполовени

УПЪТВАНИЯ

1. С помощта на купа смесете пастата от чили, соевия сос, кимчито, оризовия оцет, сусамовото масло и захарта и поставете отстрани.

2. Сложете фидето във вряща вода и гответе за 3-4 минути, след като омекне, освежете под течаща студена вода и отцедете.

3. Поставете студената или охладена юфка в купата със соса и разбъркайте заедно.

4. Поставете фидето в купичките за сервиране и отгоре с нарязана краставица, 1 сусамово листо, зеле или маруля и завършете с половин яйце.

11. Пикантна соба юфка

Време за подготовка: минути
Време за готвене: минути
Поръчки: 8-10 души

СЪСТАВКИ

- ½ корейска ряпа или дайкон, нарязани на 2 инча ленти, ½ инча широки
- 1 опаковка корейска соба юфка
- 1 супена лъжица сол
- 1 азиатска краставица, разполовена, почистена от семките и нарязана под ъгъл
- 2 супени лъжици оцет
- 4 варени вегански яйца, разполовени
- 2 супени лъжици захар

ЗА СОСА

- ¼ чаша соев сос
- ½ средно голяма глава лук, обелена и нарязана на кубчета
- ½ чаша вода
- 1 скилидка чесън
- ½ ябълка, обелена и нарязана на кубчета
- 3 супени лъжици вода или сок от ананас
- 3 резена ананас, равни на ябълка
- ⅓ чаша кафява захар
- 1 чаша корейски чили люспи
- ¼ чаша бяла захар
- ½ чаена лъжичка джинджифил на прах
- 1 супена лъжица препечени сусамови семена
- 1 чаена лъжичка сол
- 2 супени лъжици сусамово масло
- 1 чаена лъжичка корейска или дижонска горчица

УПЪТВАНИЯ

а) Приготвяне на соса Разбъркайте в тиган соевия сос с ½ чаша вода и кипнете.

b) След като заври отстранете котлона и оставете на една страна.
c) Добавете лука, чесъна, ябълката, ананаса и 3 супени лъжици вода или сок в блендера, разбъркайте, докато се получи пюре.
d) Разбъркайте пюрената смес в соевия сос и добавете останалите съставки на соса.
e) Изсипете сместа в херметически затворен съд и поставете в хладилника за 24 часа.
f) Сложете захарта, репичките, солта и оцета заедно в купа и оставете за 15-20 минути, след като изцедите излишната течност от сместа.
g) Поставете юфката във вряща вода и гответе според инструкциите, след като сте готови, освежете под студена вода.
h) При сервиране добавете юфката в чиниите, налейте върху 3 супени лъжици сос и завършете с репички и краставица отгоре.
i) Ако фидето е дълго може да се нареже с ножица.

12. Корейска юфка със зеленчуци

Време за подготовка: 15 минути
Време за приготвяне: 20 минути
Дози: 4 души

СЪСТАВКИ

- 3 супени лъжици азиатско сусамово масло
- 6 унции тънка юфка с бобови конци
- 3 супени лъжици захар
- $\frac{1}{2}$ чаша тамари
- 1 супена лъжица шафраново масло
- 1 супена лъжица наситнен чесън
- 3 средни моркова, нарязани на кибритени клечки с дебелина $\frac{1}{8}$
- 3 чаши бейби спанак
- 1 средно голяма глава лук, нарязана на $\frac{1}{8}$ филийки
- $\frac{1}{4}$ килограм гъби, нарязани на $\frac{1}{8}$ филийки

УПЪТВАНИЯ

a) Поставете фидето във вода и накиснете за 10 минути, за да омекне, след което го отцедете.

b) Добавете юфката във вряща вода за 2 минути, след като омекнат, отцедете и освежете под студена вода.

c) Сложете захарта, сусамовото масло и чесъна в блендер и разбийте до гладкост.

d) След това добавете олиото в 12-инчов тиган, след като започне да пуши, добавете морковите с лука и запържете за 3 минути.

e) Сега добавете гъбите за още 3 минути, разбъркайте спанака за 30 секунди, последван от юфката.

f) Поръсете сместа тамари и разбъркайте заедно.

g) Намалете котлона и гответе на ниска температура за 4 минути.

h) Сервирайте топло или студено.

13. Hotteok със зеленчуци и юфка

Време за подготовка: 30 минути
Време за приготвяне: 5 минути
Поръчки: 10 души

СЪСТАВКИ
ЗА ТЕСТОТО
- 2 супени лъжици суха мая
- 1 чаша топла вода
- $\frac{1}{2}$ чаена лъжичка сол
- 2 чаши универсално брашно
- 2 супени лъжици захар
- 1 супена лъжица растително масло

ЗА ПЪЛНЕЖА
- 1 супена лъжица захар
- 3 унции юфка от сладко картофено нишесте
- $\frac{1}{4}$ чаена лъжичка смлян черен пипер
- 2 супени лъжици соев сос
- 3 унции азиатски див лук, нарязан на ситно
- 1 средно голяма глава лук, нарязана на ситно
- 1 чаена лъжичка сусамово масло
- 3 унции морков, нарязан на малки кубчета
- Масло за готвене

УПЪТВАНИЯ
a) За да направите тестото, смесете заедно захарта, маята и топлата вода в купа, разбъркайте, докато маята се разтопи, сега смесете 1 супена лъжица растително масло и сол, разбъркайте добре.
b) Разбъркайте в брашното и омесете в тесто, след като стане гладко, оставете да почине за $1\frac{1}{4}$ часа, за да втаса, избийте въздуха, докато втасва, покрийте и оставете на една страна.

c) Междувременно кипнете тенджера с вода и сварете юфката, разбърквайте от време на време, гответе 6 минути с капак.

d) Опреснете под студена вода, когато омекнат, след което ги отцедете.

e) Нарежете ги на парчета от $\frac{1}{4}$ инча с помощта на ножица.

f) Добавете 1 супена лъжица олио в голям тиган или уок и запържете юфката за 1 минута, сега добавете захар, соев сос и черен пипер, като разбърквате.

g) Добавете дивия лук, моркова и лука и разбъркайте добре.

h) Махнете котлона, когато е готово.

i) След това поставете 1 супена лъжица олио в друг тиган и го загрейте, след като се загрее, намалете котлона до среден.

j) Намажете ръката си с олио, вземете $\frac{1}{2}$ чаша от тестото и притиснете в плоска кръгла форма.

k) Сега добавете малко пълнеж и сгънете краищата на топка, като запечатате краищата.

l) Поставете в тигана със запечатания край надолу, гответе за 30 секунди, след което го обърнете и го компресирайте надолу, така че да стане около 4 инча кръгъл, направете това с шпатула.

m) Гответе още 2-3 минути, докато стане хрупкава и златиста навсякъде.

n) Поставете върху кухненска хартия, за да отстраните излишната мазнина и повторете с останалата част от тестото.

o) Сервирайте горещ.

14. Веган Булголги сандвич

Време за подготовка: 20 минути
Време за приготвяне: 5-8 минути
Дози: 4 души

СЪСТАВКИ
- ½ среден лук, нарязан
- 4 малки кифли за хамбургер
- 4 листа червена маруля
- 2 чаши соеви къдрици
- 4 резена веган сирене
- веган майонеза

ЗА МАРИНАТАТА
- 1 супена лъжица сусамово масло
- 2 супени лъжици соев сос
- 1 чаена лъжичка сусам
- 2 супени лъжици агаве или захар
- ½ чаена лъжичка смлян черен пипер
- 2 лука, нарязани
- ½ азиатска круша, нарязана на кубчета, по желание
- ½ супена лъжица бяло вино
- 1-2 зелени корейски люти чушки, нарязани на кубчета
- 2 скилидки чесън, счукани

УПЪТВАНИЯ

a) Направете соевите къдрици според инструкциите на опаковката.

b) След това поставете всички съставки за марината заедно в голяма купа и ги смесете, за да образувате соса.

c) Отстранете водата от соевите къдрици чрез леко изстискване.

d) Добавете къдриците с нарязания лук към сместа от марината и намажете навсякъде.

e) Добавете 1 супена лъжица масло към горещ тиган, след това добавете цялата смес и пържете за 5 минути, докато лукът и къдриците станат златисти и сосът се сгъсти.

f) През това време запечете кифличките за хамбургер със сиренето върху хляба.

g) Намажете с майонеза, последвана от сместа за къдрици и завършете с листа от маруля отгоре.

15. Корейска торта с бекон и яйца

Време за подготовка: 25 минути
Време за приготвяне: 15 минути
Порции: 6 души

СЪСТАВКИ
ЗА ХЛЯБА

- $\frac{1}{2}$ чаша растително мляко
- $\frac{3}{4}$ чаша самонабухващо брашно или смесено брашно с $\frac{1}{4}$ чаена лъжичка бакпулвер
- 4 супени лъжици захар
- 1 яйце
- 1 чаена лъжичка веганско масло или зехтин
- $\frac{1}{4}$ чаена лъжичка сол
- $\frac{1}{4}$ чаена лъжичка ванилова есенция

ЗА ПЪЛНЕЖА

- 1 резен бекон
- Сол на вкус
- 6 вегански яйца

УПЪТВАНИЯ

a) Загрейте печката до 375F.

b) Смесете заедно с помощта на купа, $\frac{1}{4}$ чаена лъжичка сол, брашно и 4 чаени лъжички захар.

c) Разбийте яйцето в сместа и разбъркайте добре.

d) Бавно налейте растителното мляко, малко количество наведнъж, докато стане гъсто.

e) Намажете форма за печене със спрей, след това поставете сместа от брашно върху формата, оформяйки я в 6 овала или можете да използвате хартиени чаши за торта.

f) Ако оформяте, направете малки вдлъбнатини във всяка и счупете по едно яйце във всяка дупка или отгоре на всяка тортена чаша.

g) Нарежете бекона и го поръсете върху всяко, ако имате под ръка магданоз добавете и малко.

h) Гответе 12-15 минути.

i) Извадете и се насладете.

16. Корейски ориз с къри

Време за подготовка: 20 минути
Време за приготвяне: 30 минути
Дози: 4 души

СЪСТАВКИ
- 1 среден морков, обелен и нарязан на кубчета
- 7 унции телешко, нарязано на кубчета
- 2 глави лук, нарязани
- 2 картофа, обелени и нарязани на кубчета
- $\frac{1}{2}$ чаена лъжичка чесън на прах
- Подправка на вкус
- 1 средна тиквичка, нарязана на кубчета
- Растително масло за готвене
- 4 унции смес от къри сос

УПЪТВАНИЯ
a) Поставете малко олио в уок или дълбок тиган и го загрейте.
b) Подправете говеждото и поставете олиото, като разбърквате и гответе за 2 минути.
c) След това добавете лука, картофите, чесъна на прах и морковите, запържете още 5 минути, след това добавете тиквичките.
d) Налейте 3 чаши вода и загрейте, докато започне да кипи.
e) Намалете котлона и гответе на ниска температура за 15 минути.
f) Бавно добавете къри сместа, докато стане гъста.
g) Залейте върху ориза и се насладете.

17. Яйчено руло Зебра

Време за подготовка: минути
Време за готвене: минути
Порции: 1 човек

СЪСТАВКИ

- $\frac{1}{4}$ чаена лъжичка сол
- 3 вегански яйца
- Масло за готвене
- 1 супена лъжица растително мляко
- 1 лист водорасли

УПЪТВАНИЯ

a) Начупете листа водорасли на парчета.
b) Сега счупете веган яйцата в купа и добавете солта с растителното мляко, разбийте заедно.
c) Сложете тиган на котлона и загрейте с малко олио, по-добре е да сте с незалепващ тиган.
d) Изсипете достатъчно яйце, за да покрие само основата на тигана и след това поръсете с водораслите.
e) След като яйцето е наполовина сварено, навийте го на руло и го избутайте отстрани на тигана.
f) След това намажете отново с мазнина, ако е необходимо, и регулирайте топлината, ако е твърде горещо, поставете друг тънък слой яйце и отново поръсете със семената, сега разточете първото върху мястото за готвене и поставете от другата страна на тигана.
g) Повторете това, докато яйцето свърши.
h) Обърнете върху дъска и нарежете.

18. Орехови торти на корейски котлон

Време за подготовка: 10 минути
Време за приготвяне: 10 минути
Порции: 12 души

СЪСТАВКИ
- 1 консерва червен боб азуки
- 1 чаша смес за палачинки или смес за вафли
- 1 чаена лъжичка ванилов екстракт
- 1 супена лъжица захар
- 1 опаковка орехи

УПЪТВАНИЯ
a) Направете сместа за палачинки според указанията на пакета с допълнителната захар.
b) След като сместа е готова се поставя в съд с накрайник.
c) Използвайки 2 форми за кекс, ако нямате, можете да използвате форми за мъфини, загрейте на котлона на ниска степен, те ще изгорят на висока.
d) Добавете сместа към първата форма, но напълнете само до половината.
e) Бързо добавете 1 орех и 1 чаена лъжичка червен боб към всяко поставете останалата част от сместа в другата форма.
f) След това обърнете първата форма върху горната част на втората, наредете формичките, гответе още 30 секунди, след като втората форма се сготви, свалете котлона.
g) Сега свалете горната форма и след това извадете тортите върху чинията за сервиране.

19. Уличен тост сандвич

Време за подготовка: 15 минути
Време за приготвяне: 8 минути
Дози: 2 души

СЪСТАВКИ

- $\frac{2}{3}$ чаша зеле, нарязано на тънки ивици
- 4 филийки бял хляб
- 1 супена лъжица осолено веганско масло
- $\frac{1}{8}$ чаша моркови, нарязани на тънки ивици
- 2 вегански яйца
- $\frac{1}{4}$ чаена лъжичка захар
- $\frac{1}{2}$ чаша краставица, нарязана на тънко
- Кетчуп на вкус
- 1 супена лъжица олио за готвене
- Веган майонеза на вкус
- $\frac{1}{8}$ чаена лъжичка сол

УПЪТВАНИЯ

a) В голяма купа разбийте веганските яйца със солта, след това добавете морковите и зелето, като смесите заедно.

b) Поставете олиото в тиган с дълбоки стени и го загрейте.

c) Добавете половината смес в тигана и направете 2 форми на хляб, като ги държите отделни.

d) Сега добавете останалата яйчена смес върху горната част на 2 в тигана, това ще даде добра форма.

e) Гответе 2 минути, след което обърнете и гответе още 2 минути.

f) Разтворете половината от веган маслото в отделен тиган, след като е горещо, сложете две от филийките хляб и обърнете, така че и двете страни да поемат веган маслото, продължете да готвите, докато стане златисто от двете страни, около 3 минути.

g) Повторете с другите 2 филийки.

h) След като се сварят, поставете върху чиниите за сервиране и добавете ½ захар към всяка.

i) Вземете сместа от пържени яйца и сложете върху хляба.

j) Добавете краставицата и сложете кетчупа и майонезата.

k) Поставете другата филия хляб отгоре и я разрежете на две.

20. Дълбоко пържени зеленчуци

Време за подготовка: минути
Време за готвене: минути
Порции: 15 души

СЪСТАВКИ

- 1 прясно червено чили, разполовено отгоре надолу
- 1 голям морков, обелен и нарязан на $\frac{1}{8}$ шайби
- 2 връзки гъби еноки, разделени
- 1 тиквичка, нарязана на $\frac{1}{8}$ бучки
- 4 лука, нарязани на 2 инча дължина
- 6 скилидки чесън, нарязани на ситно
- 1 среден сладък картоф, нарязан на кубчета
- 1 среден картоф, нарязан на кубчета
- Растително масло за пържене

ЗА ТЕСТОТО

- $\frac{1}{4}$ чаша царевично нишесте
- 1 чаша универсално брашно
- 1 яйце
- $\frac{1}{4}$ чаша оризово брашно
- 1 $\frac{1}{2}$ чаши ледено студена вода
- $\frac{1}{2}$ чаена лъжичка сол

ЗА СОСА

- 1 скилидка чесън
- $\frac{1}{2}$ чаша соев сос
- 1 лук
- $\frac{1}{2}$ чаена лъжичка оризов оцет
- $\frac{1}{4}$ чаена лъжичка сусамово масло
- 1 чаена лъжичка кафява захар

УПЪТВАНИЯ

a) Поставете тенджера с вода, за да заври.

b) Поставете морковите и двата вида картофи във водата, свалете котлона и оставете за 4 минути, след това извадете от водата, изплакнете, отцедете и подсушете с кухненска хартия.

c) Смесете лука, тиквичките, чесъна и червения пипер в купа и разбъркайте добре.

d) За сместа за тесто, всички сухи съставки.

e) Сега разбийте заедно водата и веганските яйца, след това добавете към сухите съставки и разбъркайте добре в тесто.

f) След това направете соса, като разбиете заедно захарта, оцета, соята и сусамовото масло.

g) Нарежете на ситно лука и чесъна, след което ги разбъркайте в соевия микс.

h) Добавете достатъчно олио в уок или дълбок тиган, олиото трябва да е дълбоко около 3 инча.

i) След като олиото се загрее, прекарайте зеленчуците през тестото, оставете излишното да се отцеди и след това запържете за 4 минути.

j) Отцеждат се и се подсушават върху кухненска хартия, когато са готови.

k) Сервирайте със соса.

21. Сладки корейски палачинки

Време за подготовка: 25 минути
Време за приготвяне: 6 минути
Порции: 8 души

СЪСТАВКИ

- 1 супена лъжица кристална захар
- 1 $\frac{3}{4}$ чаши брашно за хляб
- 2 $\frac{1}{4}$ чаена лъжичка незабавна мая
- 1 $\frac{1}{4}$ чаши сладко оризово брашно
- 1 супена лъжица растително масло
- 1 чаена лъжичка сол
- 5 супени лъжици олио, за пържене
- 1 $\frac{1}{2}$ чаши хладко растително мляко
- За плънката
- 1 чаена лъжичка канела
- $\frac{2}{3}$ чаша кафява захар
- 2 супени лъжици ситно смлени ядки по ваш избор

УПЪТВАНИЯ

a) С помощта на голяма купа смесете заедно маята, брашното, захарта и солта, разбъркайте добре.

b) Сега поставете 1 супена лъжица масло в растителното мляко и разбъркайте в сухата смес, разбийте за 2 минути, след това поставете кърпа отгоре и оставете в стаята за 60 минути.

c) След като удвои обема си, чукнете го назад и починете отново за 15 минути.

d) Междувременно смесете заедно съставките за пълнежа и поставете отстрани.

e) Разделете тестената смес на 8 парчета, намажете ръцете си и поставете парче по едно в ръката си и го натиснете надолу, за да оформите диск с ширина около 4 инча.

f) Добавете 1 ½ супени лъжици от захарната смес в средата, сега прегънете краищата към центъра и запечатайте.

g) Добавете олиото в тигана и го загрейте на средна до ниска степен.

h) Поставете топката в горещото масло със запечатаната страна надолу, след това натиснете надолу, за да се изравнят, можете да използвате шпатула за това.

i) Ако откриете дупки, използвайте малко тесто, за да ги запушите.

j) Гответе 3 минути, след като станат хрупкави, обърнете и гответе още 3 минути.

k) Извадете, когато стане златисто.

l) Оставете леко да се охлади преди консумация, захарният център ще бъде горещ.

22. Корейски поширани круши

Време за подготовка: 5 минути
Време за приготвяне: 20 минути
Дози: 4 души

СЪСТАВКИ

- ½ унция пресен джинджифил, обелен и нарязан на ситно
- 1 килограм корейски круши, обелени
- 24 зърна черен пипер
- 3 чаши вода
- 2 супени лъжици захар
- Кедрови ядки за завършек по желание

УПЪТВАНИЯ

a) Поставете водата в тиган и добавете джинджифила, загрейте, докато заври и оставете за 6-8 минути.

b) Междувременно нарежете крушите на 8 филийки.

c) Сега натиснете 3 зърна черен пипер във всеки клин на крушата, като се уверите, че влизат точно навътре и не падат.

d) Извадете джинджифила от водата и сложете захарта и крушите, оставете да къкри 10 минути.

e) След готовност извадете и охладете, след което приберете в хладилника да стегне.

f) Сервирайте студено или може да се сервира горещо, ако желаете, поръсете с ядки, ако използвате.

23. Ледено сорбе от корейско растително мляко

Време за подготовка: 3 минути
Време за готвене: 3 минути
Дози: 2 души

СЪСТАВКИ

- 2 супени лъжици мини мочи оризови сладки
- 2 лъжички подсладена паста от червен боб
- 4 супени лъжици корейски многозърнест прах
- 2-3 парчета корейски лепкави оризови питки, покрити с печена соя на прах, нарязани на кубчета с размер $\frac{3}{4}$ инча
- 4 супени лъжици натурални бадемови люспи
- За леда
- 2 супени лъжици кондензирано растително мляко, подсладено
- 1 чаша растително мляко

УПЪТВАНИЯ

a) Смесете заедно кондензираното растително мляко и растителното мляко в чаша с устна за наливане.
b) Поставете сместа във форма за лед и замразете, докато стане на ледени блокове, около 5 часа.
c) След като се втвърдят, извадете ги и ги поставете в блендер или, ако можете да ги обръснете, разбъркайте до гладкост.
d) Поставете всички съставки в купа за сервиране, която е била охладена.
e) В основата сложете 3 супени лъжици сорбе, след което поръсете с 1 чаена лъжичка многозърнест прах.
f) След това добавете още 3 супени лъжици от сорбето, последвано от още зърнен прах.
g) Сега поставете отгоре оризовите сладки и бобовата паста.
h) Поръсете с бадеми и сервирайте.

24. Корейски шишчета за оризова торта

Време за подготовка: 10 минути
Време за приготвяне: 10 минути
Дози: 4 души

СЪСТАВКИ

- Масло за готвене
- 32 броя корейски оризови сладки
- 2 супени лъжици натрошени ядки по избор или сусам
- За соса
- 1 ½ супени лъжици доматен сос
- 1 чаена лъжичка тъмнокафява захар
- 1 супена лъжица корейска чили паста
- ½ супена лъжица соев сос
- ¼ чаена лъжичка смлян чесън
- 1 чаена лъжичка сусамово масло

УПЪТВАНИЯ

a) Добавете оризовите сладки във вряща вода, за да омекнат само за 30 секунди, след това изплакнете със студена вода и отцедете.

b) Подсушете ги с кухненска хартия от излишната вода.

c) Поставете втори съд на котлона и добавете съставките на соса, загрейте и разбъркайте, за да се разтопи захарта, продължете да разбърквате, за да не загори, извадете, когато се сгъсти.

d) Поставете тортите на шиш, като се уверите, че се побира в тигана.

e) Загрейте малко олио в тиган, след като се сгорещи, поставете в шишчетата и пържете за 1 минута.

f) Извадете и намажете отвсякъде със соса.

g) Завършете със сусам или ядки.

25. Корейска торта с киви и ягоди

Време за подготовка: 30 минути
Време за приготвяне: 15 минути
Порции: 8 души

СЪСТАВКИ

- 1 чаша захар
- 11 супени лъжици универсално брашно
- 1 супена лъжица вода
- 6 големи вегански яйца
- 1 супена лъжица гореща вода
- 2 чаши тежка сметана
- 3 супени лъжици растително масло
- 1 чаена лъжичка ванилов екстракт
- 1 чаша ягоди, нарязани
- 1 чаша киви, нарязано

УПЪТВАНИЯ

a) Загрейте печката до 375□F и поставете пергаментова хартия върху тава за печене 16×11.

b) Прекарайте брашното през сито в купа за смесване.

c) Разбийте белтъците за 60 секунди, докато станат на пяна, след това бавно добавете захарта и разбийте, докато достигне върхове, ако имате електрически миксер, това би било по-добре.

d) След това внимателно добавете жълтъците един по един, като разбивате в продължение на 60 секунди между добавянията, след като всички са вътре, добавете водата и олиото, разбийте отново за 10 секунди.

e) Сега разбъркайте бавно брашното и разбъркайте добре.

f) Добавете кексовата смес към тавата за печене и изпуснете тавата няколко пъти, за да избиете въздуха.

g) Печете във фурната за 12-15 минути.

h) Когато сте готови, извадете и поставете пергаментова хартия отгоре, след това обърнете, отстранете хартията от основата и поставете върху решетка за охлаждане.

i) Докато е топло го навийте на руло с помощта на хартия за печене, като го оставите вътре в кексовото руло.

j) Оставете да се охлади за още 10 минути.

k) Сметаната се разбива с ванилията и останалата захар до връх.

l) След това вземете тортата и я развийте, извадете хартията и отрежете единия край под ъгъл, за завършен вид.

m) Размажете крема.

n) Добавете кивито и ягодите, след това го навийте на руло, поддържайте го кръгло, като поставите хартия за печене отвън.

o) Оставете в хладилника за 20 минути, за да запази формата си.

p) Вземете парче и сервирайте.

26. Корейски пудинг от тапиока

Време за подготовка: минути
Време за готвене: минути
Порции: 6 души

СЪСТАВКИ

- 2 $\frac{1}{2}$ големи жълтъка
- 3 чаши пълномаслено растително мляко
- $\frac{1}{4}$ чаша захар
- ⅓ чаша малки перли от тапиока
- 1 стрък ванилия
- $\frac{1}{4}$ чаена лъжичка чист екстракт от ванилия
- 3 супени лъжици корейски чай
- $\frac{1}{2}$ чаена лъжичка сол

УПЪТВАНИЯ

a) Поставете растителното мляко в поставка за 4 чаши, добавете $\frac{3}{4}$ чаша в тиган с тежка основа и поставете тапиоката, оставете за 60 минути.

b) Разбийте заедно жълтъците, захарта и солта, разрежете ваниловото семе и отстранете семената, добавете ги към поставката за 4 чаши.

c) Когато тапиоката е готова, смесете с крема и сложете на котлона докато заври, като не забравяте да бъркате.

d) След като заври намалете котлона и оставете да къкри 20 минути.

e) Махнете котлона и смесете екстракта от ванилия с корейския чай.

f) Сервирайте, когато е готово.

27. Корейска пикантна оризова торта

Време за подготовка: минути
Време за готвене: минути
Порции: 1 човек

СЪСТАВКИ
- 2 супени лъжици захар
- 1 чаша оризова торта
- 1 чаена лъжичка соев сос
- 2 супени лъжици корейска пикантна паста от боб
- Сусам за финал
- $\frac{3}{4}$ чаша вода

УПЪТВАНИЯ
a) Добавете водата в тенджера с бобовата паста и захарта, загрейте, докато заври.
b) Сега пуснете оризовата торта, намалете котлона и гответе на ниска степен за 10 минути.
c) Сервирайте, когато е готово.

28. Печени круши в чипс от Wonton в маскарпоне

Време за подготовка: 20 минути
Време за приготвяне: 45 минути
Дози: 4 души

СЪСТАВКИ

- $\frac{1}{2}$ чаена лъжичка смляна канела, разделена
- 2 корейски круши
- 4 - 6×6 опаковки wonton
- $\frac{1}{4}$ чаша маскарпоне
- 1 $\frac{1}{2}$ супени лъжици разтопено несолено веганско масло

УПЪТВАНИЯ

a) Загрейте печката до 375◻F и постелете тава с хартия за печене.
b) Нарежете $\frac{1}{2}$ инча от основата и върха на крушата.
c) Сега ги обелете и разрежете по средата хоризонтално, извадете семките
d) Поставете обвивките върху суха равна повърхност, добавете половин круша към всяка обвивка и поръсете с канела.
e) Повдигнете ъглите и запечатайте.
f) Поставете ги върху тавата за печене и печете във фурната за 45 минути, ако тестото се оцвети твърде много, просто покрийте с малко фолио.
g) Смесете останалата част от канелата и маскарпонето в гладка смес.
h) Поднесете пакетчетата с маскарпонето.

29. Здравословна сладка оризова торта

Време за подготовка: минути
Време за готвене: минути
Поръчки: 10 души

СЪСТАВКИ
- $\frac{1}{2}$ чаша сушена кабоча или друг вид тиква
- 1 чаша накиснати черни соеви зърна
- 10 кестена, нарязани на четвъртинки
- 12 сушени фурми
- $\frac{1}{2}$ чаша орехи, нарязани на четвъртинки
- ¼чаша бадемово брашно
- 5 чаши замразено мокро сладко оризово брашно, размразено
- 3 супени лъжици захар

УПЪТВАНИЯ
a) Измийте тиквения рехидрат със супена лъжица вода, добавете още, ако е необходимо, за да стане мек.
b) С помощта на голяма купа смесете заедно захарта, бадемовото брашно и оризовото брашно, разбъркайте добре.
c) Сега добавете 2 супени лъжици вода и като разтривате ръцете си, опитайте да го направите без бучки.
d) След това смесете останалите съставки и разбъркайте заедно.
e) Поставете тиган за готвене на пара на котлона и с мокра кърпа постелете кошницата.
f) Добавете сместа с голяма лъжица и изравнете, поставете кърпа отгоре и оставете на пара за $\frac{1}{2}$ час.
g) Извадете, когато е готово и охладете, след като можете да се справите, обърнете го и го обърнете върху работна повърхност.
h) Свалете кърпата и изрежете и оформете отвари за сервиране.

30. Мейсън буркан лазаня

СЪСТАВКИ

- 3 юфка за лазаня
- 1 супена лъжица зехтин
- ½ килограм смляно филе
- 1 глава лук, нарязана на кубчета
- 2 скилидки чесън, смлени
- 3 супени лъжици доматено пюре
- 1 чаена лъжичка италианска подправка
- 2 (14,5-унция) кутии домати, нарязани на кубчета
- 1 средна тиквичка, настъргана
- 1 голям морков, настърган
- 2 чаши настърган бейби спанак
- Кошерна сол и прясно смлян черен пипер на вкус
- 1 чаша частично обезмаслено сирене рикота
- 1 чаша настъргано сирене моцарела, разделено
- 2 супени лъжици нарязани листа от пресен босилек

УПЪТВАНИЯ

a) В голяма тенджера с вряща подсолена вода сварете пастата според инструкциите на опаковката; отцедете добре. Нарежете всяка юфка на 4 части; заделени.

b) Загрейте зехтина в голям тиган или холандска фурна на средно висока температура. Добавете смляното филе и лука и гответе, докато покафенее, 3 до 5 минути, като внимавате да натрошите говеждото, докато се готви; отцедете излишната мазнина.

c) Разбъркайте чесъна, доматеното пюре и италианската подправка и гответе до аромат, 1 до 2 минути. Разбъркайте доматите, намалете котлона и оставете да къкри, докато леко се сгъсти, 5 до 6 минути. Разбъркайте тиквичките, моркова и спанака и гответе, като разбърквате често, докато омекнат, 2 до 3 минути. Подправете със сол и черен пипер на вкус. Оставете соса настрана.

d) В малка купа смесете рикотата, ½ чаша моцарела и босилека; подправете със сол и черен пипер на вкус

e) Загрейте фурната до 375 градуса F. Леко намаслете 4 (16-унции) стъклени буркана с широко гърло с капаци или други контейнери, подходящи за фурна, или намажете с незалепващ спрей.

f) Поставете по 1 парче паста във всеки буркан. Разпределете една трета от соса в буркани. Повторете с втори слой паста и сос. Отгоре намажете със сместа от рикота, останалата паста и останалия сос. Поръсете с останалата ½ чаша сирене моцарела.

g) Поставете бурканите върху лист за печене. Поставете във фурната и печете до кипене, 25 до 30 минути; охладете напълно. Охлаждайте до 4 дни.

31. Мисо супа за детоксикация от джинджифил

СЪСТАВКИ

- 2 супени лъжици препечено сусамово масло
- 2 супени лъжици рапично масло
- 3 скилидки чесън, смлени
- 1 супена лъжица прясно настърган джинджифил
- 6 чаши зеленчуков бульон
- 1 лист комбу, нарязан на малки парченца
- 4 супени лъжици бяла мисо паста
- 1 (3,5-унция) пакет гъби шийтаке, нарязани (около 2 чаши)
- 8 унции твърдо тофу, на кубчета
- 5 бейби бок чой, нарязани
- $\frac{1}{4}$ чаша нарязан зелен лук

УПЪТВАНИЯ

a) Загрейте сусамовото масло и маслото от канола в голям съд или холандска фурна на средна температура. Добавете чесъна и джинджифила и гответе, като разбърквате често, докато се появи аромат, 1 до 2 минути. Разбъркайте бульона, комбу и мисо пастата и оставете да заври. Покрийте, намалете котлона и оставете да къкри за 10 минути. Разбъркайте гъбите и гответе, докато омекнат, около 5 минути.

b) Разбъркайте тофуто и бок чой и гответе, докато тофуто се загрее и бок чой омекне, около 2 минути. Разбъркайте зеления лук. Сервирайте веднага.

c) Или, за да се подготвите предварително, оставете бульона да се охлади напълно в края на стъпка 1. След това разбъркайте тофуто, бок чой и зеления лук. Разпределете в херметически затворени контейнери, покрийте и охладете до 3 дни. За да затоплите, поставете в микровълновата на интервали от 30 секунди, докато се загрее.

32. Пълнени сладки картофи

ДОБАВ: 4 ПОРЦИИ

СЪСТАВКИ

- 4 средни сладки картофа

УПЪТВАНИЯ

a) Загрейте фурната до 400 градуса F. Постелете лист за печене с хартия за печене или алуминиево фолио.

b) Поставете сладките картофи на един слой върху подготвения лист за печене. Печете, докато вилицата омекне, около 1 час и 10 минути.

c) Оставете да почине, докато изстине достатъчно, за да се справите.

33. Кейл и пълнени картофи с червена чушка

СЪСТАВКИ

- 1 супена лъжица зехтин
- 2 скилидки чесън, смлени
- 1 глава сладък лук, нарязан на кубчета
- 1 чаена лъжичка пушен червен пипер
- 1 червена чушка, нарязана на ситно
- 1 връзка къдраво зеле, отстранени стебла и нарязани листа
- Кошерна сол и прясно смлян черен пипер на вкус
- 4 печени сладки картофа
- $\frac{1}{2}$ чаша натрошено сирене фета с намалено съдържание на мазнини

УПЪТВАНИЯ

a) Загрейте зехтина в голям тиган на среден огън. Добавете чесъна и лука и гответе, като разбърквате често, докато лукът стане полупрозрачен, 2 до 3 минути. Разбъркайте червения пипер и гответе, докато се появи аромат, около 30 секунди.

b) Разбъркайте чушката и гответе, докато стане хрупкава, около 2 минути. Разбъркайте къдраво зеле, шепа наведнъж, и гответе до ярко зелено и току-що увяхнало, 3 до 4 минути.

c) Разполовете картофите и овкусете със сол и черен пипер. Отгоре намажете със сместа от зеле и фета.

d) Разпределете сладките картофи в контейнери за приготвяне на храна.

34. Черен боб и пълнени картофи Pico de Gallo

СЪСТАВКИ

Черен боб

- 1 супена лъжица зехтин
- ½ глава сладък лук, нарязан на кубчета
- 1 скилидка чесън, смлян
- 1 чаена лъжичка чили на прах
- ½ чаена лъжичка смлян кимион
- 1 (15,5-унция) консерва черен боб, изплакнат и отцеден
- 1 чаена лъжичка ябълков оцет
- Кошерна сол и прясно смлян черен пипер на вкус

Пико де гало

- 2 сливи домати, нарязани на кубчета
- ½ глава сладък лук, нарязан на кубчета
- 1 халапеньо, почистено от семките и смляно
- 3 супени лъжици нарязани пресни листа от кориандър
- 1 супена лъжица прясно изцеден сок от лайм
- Кошерна сол и прясно смлян черен пипер на вкус
- 4 печени сладки картофа (тук)
- 1 авокадо, наполовина, без костилки, обелено и нарязано на кубчета
- ¼ чаша лека заквасена сметана

УПЪТВАНИЯ

a) ЗА БОБА: Загрейте зехтина в средно голяма тенджера на среден огън. Добавете лука и гответе, като разбърквате често, докато стане прозрачен, 2 до 3 минути. Разбъркайте чесъна, чилито на прах и кимиона и гответе до аромат, около 1 минута.

b) Разбъркайте боба и ⅔ чаша вода. Оставете да къкри, намалете топлината и гответе, докато се намали, 10 до 15 минути. С помощта на преса за картофи пасирайте боба до гладка и желана консистенция. Разбъркайте с оцета и подправете със сол и черен пипер на вкус.

c) ЗА PICO DE GALLO: Комбинирайте доматите, лука, халапеньо, кориандър и сока от лайм в средна купа. Подправете със сол и черен пипер на вкус.

d) Картофите се разполовяват по дължина и се овкусяват със сол и черен пипер. Отгоре намажете със сместа от черен боб и пико де гало.

e) Разпределете сладките картофи в контейнери за приготвяне на храна. Охлажда се до 3 дни. Затопляйте отново в микровълновата на интервали от 30 секунди, докато се загрее.

35. Жътва салата от кочан

СЪСТАВКИ
ДРЕСИНГ ОТ МАК
- $\frac{1}{4}$ чаша 2% растително мляко
- 3 супени лъжици зехтин
- Веган майонеза
- 2 супени лъжици гръцко кисело мляко
- 1 $\frac{1}{2}$ супени лъжици захар или повече на вкус
- 1 супена лъжица ябълков оцет
- 1 супена лъжица маково семе
- 2 супени лъжици зехтин

САЛАТА
- 16 унции веган тиква от орехи, нарязани на 1-инчови парчета
- 16 унции брюкселско зеле, наполовина
- 2 стръка прясна мащерка
- 5 пресни листа градински чай
- Кошерна сол и прясно смлян черен пипер на вкус
- 4 средни вегански яйца
- 4 резена бекон, нарязани на кубчета
- 8 чаши настъргано зеле
- 1⅓чаши варен див ориз

УПЪТВАНИЯ
a) ЗА ДРЕСИНГА: Разбийте растителното мляко, майонезата, киселото мляко, захарта, оцета и маковото семе в малка купа. Покрийте и охладете до 3 дни.

b) Загрейте фурната до 400 градуса F. Леко намаслете лист за печене или намажете с незалепващ спрей.

c) Поставете тиквата и брюкселското зеле върху подготвения лист за печене. Добавете зехтина, мащерката и градинския чай и внимателно разбъркайте, за да се комбинират; подправете със сол и черен пипер. Подредете на равен слой и печете, като обърнете веднъж, за 25 до 30 минути, докато омекнат; заделени.

d) Междувременно поставете веганските яйца в голяма тенджера и ги покрийте със студена вода с 1 инч. Оставете да заври и гответе за 1 минута. Покрийте тенджерата с плътно затварящ се капак и отстранете от огъня; оставете да престои 8 до 10 минути. Отцедете добре и оставете да изстине, преди да обелите и нарежете.

e) Загрейте голям тиган на средно висока температура. Добавете бекона и гответе до кафяво и хрупкаво, 6 до 8 минути; отцедете излишната мазнина. Прехвърлете в чиния, покрита с хартиена кърпа; заделени.

f) За да сглобите салатите, поставете зеле в контейнери за приготвяне на храна; подредете редове тиква, брюкселско зеле, бекон, яйце и див ориз отгоре. Ще се съхранява покрито в хладилника 3 до 4 дни. Сервирайте с маковия дресинг.

36. Салата от кочан биволски карфиол

СЪСТАВКИ

- 3-4 чаши цветчета карфиол
- 1 15 унции консерва нахут, отцеден, изплакнат и подсушен
- 2 супени лъжици масло от авокадо
- ½ чаена лъжичка черен пипер
- ½ чаена лъжичка морска сол
- ½ чаша сос от биволско крилце
- 4 чаши пресен роман, нарязан
- ½ чаша целина, нарязана
- ¼ чаша червен лук, нарязан
- Кремообразен веган ранчов дресинг:
- ½ чаша сурово кашу, накиснато 3-4 часа или за една нощ
- ½ чаша прясна вода
- 2 супени лъжици сух копър
- 1 чаена лъжичка чесън на прах
- 1 чаена лъжичка лук на прах
- ½ чаена лъжичка морска сол
- щипка черен пипер

УПЪТВАНИЯ

a) Поставете фурната на 450°F.

b) Добавете карфиол, нахут, олио, черен пипер и сол в голяма купа и разбъркайте.

c) Изсипете сместа върху лист за печене или камък. Пече се 20 минути. Извадете листа за печене от фурната, изсипете биволския сос върху сместа и разбъркайте, за да се покрие. Печете още 10-15 минути или докато нахутът стане хрупкав и карфиолът се изпече по ваш вкус. Извадете от фурната.

d) Добавете накиснати и отцедени кашу в мощен блендер или кухненски робот с 1/2 чаша вода, копър, чесън на прах, лук на прах, сол и черен пипер. Блендирайте до гладка смес.

e) Вземете две купи за салата и добавете 2 чаши нарязан ром, 1/4 чаша целина и 1/8 чаша лук към всяка купа. Отгоре сложете печен биволски карфиол и нахут. Поръсете дресинга и се насладете!

37. Купички за зърно от цвекло и брюкселско зеле

СЪСТАВКИ

- 3 средни цвекло (около 1 паунд)
- 1 супена лъжица зехтин
- Кошерна сол и прясно смлян черен пипер на вкус
- 1 чаша фаро
- 4 чаши бебешки спанак или зеле
- 2 чаши брюкселско зеле (около 8 унции), тънко нарязани
- 3 клементини, обелени и нарязани на сегменти
- $\frac{1}{2}$ чаша пекани, препечени
- $\frac{1}{2}$ чаша семена от нар

УПЪТВАНИЯ

a) Загрейте фурната до 400 градуса F. Постелете лист за печене с фолио.

b) Поставете цвеклото върху фолиото, поръсете със зехтин и овкусете със сол и черен пипер. Сгънете всичките 4 страни на фолиото, за да направите торбичка. Печете до омекване на вилицата, 35 до 45 минути; оставете да се охлади, около 30 минути.

c) С помощта на чиста хартиена кърпа разтрийте цвеклото, за да премахнете кожите; нарежете на хапки.

d) Гответе фаро според указанията на опаковката, след което оставете да изстине.

e) Разделете цвеклото в 4 (32-унции) стъклени буркана с широко гърло и капаци. Отгоре поставете спанак или зеле, фаро, брюкселско зеле, клементини, пекани и семена от нар. Ще се съхранява покрито в хладилника 3 или 4 дни.

38. Мейсън буркан салата с броколи

СЪСТАВКИ

- 3 супени лъжици 2% растително мляко
- 2 супени лъжици зехтин
- Веган майонеза
- 2 супени лъжици гръцко кисело мляко
- 1 супена лъжица захар или повече на вкус
- 2 супени лъжици ябълков оцет
- $\frac{1}{2}$ чаша кашу
- $\frac{1}{4}$ чаша сушени боровинки
- $\frac{1}{2}$ чаша нарязан на кубчета червен лук
- 2 унции сирене чедър, нарязано на кубчета
- 5 чаши едро нарязани цветчета броколи

УПЪТВАНИЯ

a) ЗА ДРЕСИНГА: Разбийте растителното мляко, майонезата, киселото мляко, захарта и оцета в малка купа.

b) Разпределете дресинга в 4 (16-унции) стъклени буркани с широко гърло и капаци. Отгоре сложете кашу, боровинки, лук, сирене и броколи. Охлажда се до 3 дни.

c) За да сервирате, разклатете съдържанието на буркан и сервирайте веднага.

39. Мейсън буркан нисоаз салата

СЪСТАВКИ

- 2 средни вегански яйца
- 2 ½ чаши нарязан наполовина зелен фасул
- 3 (7-унции) консерви бял тон, опаковани във вода, отцедени и изплакнати
- ¼ чаша екстра върджин зехтин
- 2 супени лъжици червен винен оцет
- 2 супени лъжици нарязан на кубчета червен лук
- 2 супени лъжици наситнени листа пресен магданоз
- 1 супена лъжица нарязани пресни листа от естрагон
- 1 ½ чаена лъжичка дижонска горчица
- Кошерна сол и прясно смлян черен пипер на вкус
- 1 чаша разположени чери домати
- 4 чаши накъсана веган маслена маруля
- 3 чаши листа от рукола
- 12 маслини Каламата
- 1 лимон, нарязан на резени (по желание)

УПЪТВАНИЯ

a) Поставете веганските яйца в голяма тенджера и ги покрийте със студена вода с 1 инч. Оставете да заври и гответе за 1 минута. Покрийте тенджерата с плътно затварящ се капак и отстранете от котлона; оставете да престои 8 до 10 минути.

b) Междувременно, в голяма тенджера с вряща подсолена вода, бланширайте зеления фасул до ярко зелен цвят, около 2 минути. Отцедете и охладете в купа с ледена вода. Отцедете добре. Отцедете веган яйцата и ги оставете да изстинат, преди да ги обелите и разрежете наполовина по дължина.

c) В голяма купа смесете рибата тон, зехтина, оцета, лука, магданоза, естрагона и дижона, докато се смесят; подправете със сол и черен пипер на вкус.

d) Разделете сместа от риба тон в 4 (32-унции) стъклени буркани с широко гърло и капаци. Отгоре сложете зелен фасул, вегански яйца, домати, веган маслена маруля, рукола и маслини. Охлажда се до 3 дни.

e) За сервиране разклатете съдържанието на буркана. Сервирайте веднага, по желание с резени лимон.

40. Пикантни купи с риба тон

СЪСТАВКИ

- 1 чаша дългозърнест кафяв ориз
- 3 супени лъжици зехтин
- Веган майонеза
- 3 супени лъжици гръцко кисело мляко
- 1 супена лъжица сос шрирача или повече на вкус
- 1 супена лъжица сок от лайм
- 2 супени лъжици соев сос с намалено съдържание на натрий
- 2 (5-унции) консерви риба тон бял тон, отцедени и изплакнати
- Кошерна сол и прясно смлян черен пипер на вкус
- 2 чаши настъргано зеле
- 1 супена лъжица препечени сусамови семена
- 2 супени лъжици препечено сусамово масло
- 1 ½ чаши нарязана на кубчета английска краставица
- ½ чаша маринован джинджифил
- 3 глави зелен лук, нарязани на ситно
- ½ чаша настъргано печено нори

УПЪТВАНИЯ

a) Сварете ориза според инструкциите на опаковката в 2 чаши вода в средно голяма тенджера; заделени.

b) В малка купа разбийте заедно майонезата, киселото мляко, шрирача, сока от лайм и соевия сос. Изсипете 2 супени лъжици от майонезената смес във втора купа, покрийте и охладете. Разбъркайте рибата тон в останалата смес от майонеза и внимателно разбъркайте, за да се комбинират; подправете със сол и черен пипер на вкус.

c) В средна купа комбинирайте зеле, сусамово семе и сусамово масло; подправете със сол и черен пипер на вкус.

d) Разпределете ориза в контейнери за приготвяне на храна. Отгоре сложете смес от риба тон, смес от зеле, краставица, джинджифил, зелен лук и нори. Охлажда се до 3 дни.

e) За сервиране полейте с майонезената смес.

41. Салата от стек коб

БАЛСАМИК ВИНЕГРЕТ

- 3 супени лъжици зехтин екстра върджин
- 4 ½ чаени лъжички балсамов оцет
- 1 скилидка чесън, пресована
- 1 ½ чаени лъжички изсушени люспи от магданоз
- ¼ чаена лъжичка сух босилек
- ¼ чаена лъжичка сух риган

САЛАТА

- 4 средни вегански яйца
- 1 супена лъжица несолено веганско масло
- пържола от 12 унции
- 2 чаени лъжички зехтин
- Кошерна сол и прясно смлян черен пипер на вкус
- 8 чаши бейби спанак
- 2 чаши чери домати, наполовина
- ½ чаша половинки пекан
- ½ чаша натрошено сирене фета с намалено съдържание на мазнини

УПЪТВАНИЯ

a) ЗА БАЛСАМОВИЯ ВИНЕГРЕТ: Разбийте заедно зехтина, балсамовия оцет, захарта, чесъна, магданоза, босилека, ригана и горчицата (ако използвате) в средно голяма купа. Покрийте и охладете до 3 дни.

b) Поставете веганските яйца в голяма тенджера и ги покрийте със студена вода с 1 инч. Оставете да заври и гответе за 1 минута. Покрийте тенджерата с плътно затварящ се капак и отстранете от огъня; оставете да престои 8 до 10 минути. Отцедете добре и оставете да изстине, преди да обелите и нарежете.

c) Разтопете веган маслото в голям тиган на средно висока температура. С помощта на хартиени кърпи подсушете двете страни на пържолата. Полейте със зехтин и овкусете със сол и черен пипер. Добавете пържолата към тигана и гответе, като обърнете веднъж, докато се сготви до желаната готовност, 3 до 4 минути на страна за средно печене. Оставете да почине 10 минути, преди да нарежете на хапки.

d) За да сглобите салатите, поставете спанак в контейнери за приготвяне на храна; отгоре с подредени редици пържоли, вегански яйца, домати, пекани и фета. Покрийте и охладете до 3 дни. Сервирайте с балсамовия винегрет или дресинг по желание.

42. Подхранващи купички от сладък картоф

СЪСТАВКИ

- 2 средни сладки картофа, обелени и нарязани на 1-инчови парчета
- 3 супени лъжици екстра върджин зехтин, разделени
- ½ чаена лъжичка пушен червен пипер
- Кошерна сол и прясно смлян черен пипер на вкус
- 1 чаша фаро
- 1 връзка лацинато кейл, настърган
- 1 супена лъжица прясно изцеден лимонов сок
- 1 чаша настъргано червено зеле
- 1 чаша разполовени чери домати
- ¾ чаша хрупкав фасул Garbanzo
- 2 авокадо, наполовина, без костилки и обелени

УПЪТВАНИЯ

a) Загрейте фурната до 400 градуса F. Постелете лист за печене с хартия за печене.

b) Поставете сладките картофи върху подготвения лист за печене. Добавете 1 ½ супени лъжици зехтин и червен пипер, подправете със сол и черен пипер и внимателно разбъркайте, за да се комбинират. Подредете на един слой и печете за 20 до 25 минути, като обърнете веднъж, докато лесно се пробият с вилица.

c) Гответе фаро според инструкциите на опаковката; заделени.

d) Комбинирайте зеле, лимонов сок и останалите 1 ½ супени лъжици зехтин в средна купа. Масажирайте кейла, докато се смеси добре и подправете със сол и черен пипер на вкус.

e) Разделете фаро в контейнери за приготвяне на храна. Отгоре сложете сладки картофи, зеле, домати и хрупкаво гарбанцо. Охлажда се до 3 дни. Сервирайте с авокадо.

43. Много зелена салата от буркан

СЪСТАВКИ

- ¾ чаша перлен ечемик
- 1 чаша листа пресен босилек
- ¾ чаша 2% гръцко кисело мляко
- 2 глави зелен лук, нарязани
- 1 ½ супени лъжици прясно изцеден сок от лайм
- 1 скилидка чесън, обелена
- Кошерна сол и прясно смлян черен пипер на вкус
- ½ английска краставица, едро нарязана
- 1 паунд (4 малки) тиквички, спирализирани
- 4 чаши настъргано зеле
- 1 чаша замразен зелен грах, размразен
- ½ чаша натрошено сирене фета с намалено съдържание на мазнини
- ½ чаша грах издънки
- 1 лайм, нарязан на резени (по желание)

УПЪТВАНИЯ

a) Сварете ечемика според инструкциите на опаковката; оставете да изстине напълно и оставете настрана.

b) За да направите дресинга, смесете босилека, киселото мляко, зеления лук, сока от лайм и чесъна в купата на кухненския робот и подправете със сол и черен пипер. Пулсирайте до гладкост, около 30 секунди до 1 минута.

c) Разпределете дресинга в 4 (32-унции) стъклени буркана с широко гърло и капаци. Отгоре наредете с краставици, юфка от тиквички, ечемик, зеле, грах, фета и грах. Охлажда се до 3 дни.

d) За сервиране разклатете съдържанието в буркан. Сервирайте веднага, по желание с резени лайм.

44. Хапки мъфини с киноа

Прави 4

съставки:

- 1 1/2 чаши готова киноа
- 2 яйца, разбити
- 1/2 чаша пюре от сладки картофи
- 1/2 чаша черен боб
- 1 супена лъжица нарязан кориандър
- 1 чаена лъжичка кимион
- 1 чаена лъжичка червен пипер
- 1/2 чаена лъжичка чесън на прах
- 1/2 чаена лъжичка сол
- 1/8 чаена лъжичка черен пипер
- Спрей за готвене

Упътвания:

a) Загрейте фурната до 350 градуса по Фаренхайт.

b) В голяма купа за смесване комбинирайте всички съставки и разбъркайте, докато се смесят добре.

c) Със супена лъжица разпределете сместа във формичките за мъфини и потупвайте върховете на всяка.

d) Печете за 15-20 минути, или докато се сварят и стегнат.

45. PB и J Energy хапки

Прави 13-14 топки

съставки:

- 1/2 чаша кадифено осолено фъстъчено масло
- 1/4 чаша кленов сироп
- 2 супени лъжици веган протеин на прах
- 1 1/4 чаша валцувани овесени ядки без глутен
- 2 1/2 супени лъжици брашно от ленено семе
- 2 супени лъжици семена от чиа
- 1/4 чаша сушени плодове

Упътвания:

a) Комбинирайте фъстъчено масло, кленов сироп, протеин на прах, овесени ядки, брашно от ленено семе, семена от чиа и сушени плодове по избор в голяма чиния за смесване.

b) Ако сместа е твърде суха или ронлива, добавете допълнително фъстъчено масло или кленов сироп.

c) Охладете за 5 минути в хладилника. Загребвайте 1 1/2 супена лъжица и разточете на топки. От "тестото" трябва да се получат около 13-14 топки.

d) Насладете се веднага и съхранявайте остатъците в херметически затворен контейнер в хладилника до една седмица или във фризера до един месец.

46. Хумус от печен морков

Прави 2

съставки:

- 1 консерва нахут, изплакнат и отцеден
- 3 морकова
- 1 скилидка чесън
- 1 чаена лъжичка червен пипер
- 1 заредена супена лъжица тахан
- Сокът от 1 лимон
- 2 супени лъжици допълнително необработен зехтин
- 6 супени лъжици вода
- 1/2 чаена лъжичка кимион на прах
- Сол на вкус

Упътвания:

a) Загрейте фурната до 400 градуса по Фаренхайт.

b) Измийте и обелете морковите, след това ги нарежете на малки парчета и ги поставете в тава за печене със зехтин, леко сол и половин чаена лъжичка червен пипер.

c) Печете 35 минути, или докато морковите омекнат.

d) Извадете ги от фурната и ги оставете настрана да изстинат.

e) Пригответе хумуса, докато изстине: измийте и отцедете старателно нахута, преди да го сложите в мелничка с останалите активни съставки. Обработвайте до получаването на добре смесена смес.

f) След това добавете морковите и чесъна и повторете процедурата!

47. Чаши от кашу матча

Прави 6

съставки:

- 2/3 чаша какаово масло, разтопено
- 3/4 чаша какао на прах
- 1/3 чаша кленов сироп
- 1/2 чаша масло от кашу
- 2 супени лъжици матча на прах
- Морска сол

Упътвания:

a) В купа за смесване разтопете какаовото масло и разбъркайте кленовия сироп и какаото на прах.

b) В поставка за кексчета със среден размер сложете с лъжица добра супена лъжица от шоколадовата смес в долния слой.

c) Поставете поставките за кексчета във фризера за 15 минути, за да се втвърдят.

d) Извадете замразения шоколадов слой от фризера и нанесете 1 супена лъжица от тестото с масло от матча/кашу отгоре.

e) Веднага след като това приключи, изсипете останалия разтопен шоколад върху всяка купчица, като покриете всичко.

f) Поръсете с морска сол.

g) Поставете във фризера за 15 минути.

48. Медено-сусамово тофу

Прави 12

съставки:

- 12 унции твърдо тофу, отцедено и подсушено
- Олио или спрей за готвене
- 2 супени лъжици соев сос с намалено съдържание на натрий
- 3 скилидки чесън, смлени
- 1 супена лъжица мед
- 1 супена лъжица настърган обелен пресен джинджифил
- 1 чаена лъжичка препечено сусамово масло
- 1 килограм зелен фасул, нарязан
- 2 супени лъжици зехтин
- 1/4 чаени лъжички люспи от червен пипер (по избор)
- Кошерна сол
- Новосмлян черен пипер
- 1 среден лук, много ситно нарязан
- 1/4 чаена лъжичка сусам

Упътвания:

a) В голяма купа за смесване смесете соевия сос, чесъна, меда, джинджифила и сусамовото масло; остави настрана.

b) Нарежете тофуто на триъгълници и го подредете на един слой от едната страна на тавата за печене, която сте приготвили.

c) Поръсете сместа със соевия сос отгоре.

d) Печете за 12 до 13 минути или до златисто кафяво на дъното.

e) Преместете тофуто наоколо.

f) В другата половина на тавата за печене подредете зеления фасул на един слой. Подправете със сол и черен пипер, след като ги поръсите със зехтин и наръсите с червен пипер.

g) Върнете във фурната и печете още 10 до 12 минути, или докато тофуто стане златисто кафяво от втората страна.

h) Сервирайте веднага с поръсени лук и сусам.

49. Гювеч за бургер с шийтаке и сирене

Прави 6 порции

съставки

- 1 lb Смлян сейтан
- 4 унции. Шийтаке гъби, нарязани
- 1/2 чаша бадемово брашно
- 3 чаши нарязан карфиол
- 1 супена лъжица семена от чиа
- 1/2 чаена лъжичка чесън на прах
- 1/2 чаена лъжичка лук на прах
- 2 супени лъжици редуцирана захар
- Кетчуп
- 1 супена лъжица дижонска горчица
- 2 супени лъжици майонеза
- 4 унции. Сирене чедър
- Сол и черен пипер на вкус

Упътвания

a) Загрейте фурната до 350 градуса по Фаренхайт.
b) В голяма купа за смесване комбинирайте всички съставки и половината от сиренето чедър.
c) Изсипете сместа в покрита с пергамент тава за печене 9x9. След това поръсете останалата половина от сиренето чедър отгоре.
d) Пече се 20 минути на горен реотан.
e) Сервирайте с допълнителни топинги след нарязване.

50. Запеканка Джамбалая

Прави 4 порции

съставки

- 10 унции темпе
- 2 супени лъжици зехтин
- 1 среден жълт лук, нарязан
- 1 средно голяма зелена чушка, нарязана
- 2 скилидки чесън, смлени
- 1 (28-унция) консерва нарязани на кубчета домати, неотцедени
- 1/2 чаша бял ориз
- 1 1/2 чаши зеленчуков бульон
- 1 1/2 чаши сварен или 1 (15,5-унция) консерва тъмночервен боб, отцеден и изплакнат
- 1 супена лъжица наситнен пресен магданоз
- 11/2 чаени лъжички Cajun подправка
- 1 чаена лъжичка сушена мащерка
- 1/2 чаена лъжичка сол
- 1/4 чаена лъжичка прясно смлян черен пипер

Упътвания

a) Загрейте фурната до 350 градуса по Фаренхайт.

b) Гответе темпето за 30 минути в среден съд с вряща вода. Изцедете водата и го подсушете. Нарежете на 1/2-инчови кубчета.

c) Загрейте 1 супена лъжица олио в голям тиган на среден огън. Гответе темпе за 8 минути, или докато темпе покафенее от двете страни. Поставете темпето в тава за печене 9 x 13 инча, за да се охлади.

d) Загрейте останалата 1 супена лъжица масло в същия тиган на среден огън. Комбинирайте лука, чушката и чесъна в купа за смесване. Гответе, покрити, за около 7 минути или докато зеленчуците омекнат.

e) Изсипете зеленчуковата смес с темпето в съда за печене.

f) Добавете доматите, течността, ориза, бульона, боба, магданоза, подправката Cajun, мащерката, сол и черен пипер. Разбъркайте добре, след това покрийте добре и печете за 1 час или докато оризът омекне. Сервирайте веднага.

51. Пълнена паста с патладжан и темпе

Прави 4 порции

съставки
- 8 унции темпе
- 1 среден патладжан
- 12 големи черупки за паста
- 1 скилидка чесън, пасирана
- $1/4$ чаена лъжичка смлян кайен
- Сол и прясно смлян черен пипер
- Сухи неподправени галета
- 3 чаши сос маринара

Упътвания
a) Загрейте фурната до 450 градуса по Фаренхайт.
b) Гответе темпето за 30 минути в среден съд с вряща вода. Отцедете водата и го оставете настрана да се охлади.
c) Набодете патладжана с вилица и го изпечете, докато омекне, около 45 минути в леко намазнена тава.
d) Сварете черупките на пастата в тенджера с вряща подсолена вода до ал денте, около 7 минути, докато патладжанът се пече. Изцедете водата и я изплакнете под студена вода.
e) Извадете патладжана от фурната, разрежете го на две по дължина и отцедете течността.
f) Намалете температурата на фурната до 350 градуса по Фаренхайт.
g) Обработете чесъна в кухненски робот, докато се смачка на ситно. Пулсирайте темпето, докато стане едро смляно.
h) Изстържете пулпата на патладжана от черупката му и я смесете с темпето и чесъна в кухненски робот. Добавете кайен, подправете на вкус със сол и черен пипер и разбийте, за да се смеси. Добавете малко галета, ако плънката е твърде рохкава.

i) В подготвената форма за печене намажете дъното на слой доматен сос. Напълнете черупките с плънката до пълното им запълване.

j) Изсипете останалия сос върху и около черупките, след което ги наредете върху соса.

k) Покрийте с фолио и печете 30 минути.

l) Открийте, поръсете с пармезан и печете още 10 минути. Сервирайте веднага.

52. Боб извара с бобен сос и фиде

Прави 4

съставки

- 8 унции прясна юфка в пекински стил
- 1 блок твърдо тофу от 12 унции
- 3 големи стръка бок чой И 2 глави зелен лук
- ⅓ чаша тъмен соев сос
- 2 супени лъжици сос от черен боб
- 2 супени лъжици китайско оризово вино или сухо шери
- 2 супени лъжици черен оризов оцет
- $\frac{1}{4}$ чаена лъжичка сол
- $\frac{1}{4}$ чаена лъжичка чили паста с чесън
- 1 чаена лъжичка горещо масло от чили
- $\frac{1}{4}$ чаена лъжичка сусамово масло
- $\frac{1}{2}$ чаша вода
- 2 супени лъжици олио за пържене
- 2 резена джинджифил, смлян
- 2 скилидки чесън, смлени
- $\frac{1}{4}$ глава червен лук, нарязан

Упътвания

a) Оставете юфката да заври и гответе, докато омекне. Изцедете напълно водата. Нарежете тофуто на кубчета.

b) Сварете бок чой, като го потопите във вряща вода за няколко секунди и след това го отцедите напълно.

c) Комбинирайте тъмния соев сос, соса от черен боб, оризовото вино Konjac, черния оризов оцет, солта, пастата от чили с чесън, лютото чили масло, сусамовото масло и водата в голяма купа за смесване.

d) Загрейте олиото в уок или тиган, който е предварително загрят. Добавете джинджифила, чесъна и зеления лук към загрятото масло. Запържете за няколко минути, докато се появи аромат. Добавете червения лук и запържете за кратко. Избутайте отстрани и добавете стръковете бок чой.

e) Разбъркайте листата, докато бок чой стане брилянтно зелен и лукът омекне.

f) Оставете соса да заври в средата на тигана. Хвърлете тофуто. Оставете тофуто да поеме соса, като заври няколко минути. Хвърлете фидето.

g) Смесете всичко и сервирайте веднага.

53. Тофу в стил каджун

Прави 4 порции

съставки
- 1 килограм изключително твърдо тофу, отцедено и подсушено
- Сол
- 1 супена лъжица плюс 1 чаена лъжичка подправка Cajun
- 2 супени лъжици зехтин
- $^1/4$ чаша смлян зелен пипер
- 1 супена лъжица смляна целина
- 2 супени лъжици смлян зелен лук
- 2 скилидки чесън, смлени
- 1 (14,5-унция) консерва нарязани на кубчета домати, отцедени
- 1 супена лъжица соев сос
- 1 супена лъжица смлян пресен магданоз

Упътвания
a) Нарежете тофуто на филийки с дебелина 1/2 инча и подправете със сол и 1 супена лъжица подправка Cajun от всяка страна.
b) Загрейте 1 супена лъжица масло в малка тенджера на среден огън. Добавете целината и чушката.
c) Гответе 5 минути.
d) Добавете доматите, соевия сос, магданоза и останалата 1 чаена лъжичка смес от подправки Cajun, както и сол и черен пипер на вкус. Оставете настрана, след като поври 10 минути.
e) Загрейте останалата 1 супена лъжица масло в голям тиган на средно висока температура. Гответе тофу за 10 минути или докато тофу покафенее от двете страни. Гответе 5 минути след добавяне на соса.
f) Сервирайте веднага

54. Веган лазаня с тофу

Прави 6 порции

съставки

- 12 унции юфка за лазаня
- 1-килограмово твърдо тофу, отцедено и натрошено
- 1-килограмово меко тофу, отцедено и натрошено
- 2 супени лъжици хранителна мая
- 1 чаена лъжичка пресен лимонов сок
- 1 чаена лъжичка сол
- 1/4 чаена лъжичка прясно смлян черен пипер
- 3 супени лъжици смлян пресен магданоз
- 1/2 чаша веган пармезан или Пармасио
- 4 чаши сос маринара

Упътвания

a) Загрейте фурната до 350°F.

b) В тенджера с вряща подсолена вода сварете юфката на средно силен огън, като разбърквате от време на време, докато стане ал денте, около 7 минути.

c) В голяма купа смесете твърдия и мекия тофус. Добавете хранителната мая, лимоновия сок, солта, черния пипер, магданоза и 1/4 чаша пармезан. Разбъркайте, докато се смесят добре.

d) Сложете с лъжица слой от доматения сос на дъното на тава за печене 9 x 13 инча. Отгоре наредете слой от сварената юфка.

e) Разпределете половината от тофу сместа равномерно върху юфката. Повторете с друг слой юфка, последван от слой сос.

f) Разпределете останалата смес от тофу върху соса и завършете с последен слой юфка и сос. Поръсете с останалата 1/4 чаша пармезан. Ако остане сос, запазете го и сервирайте горещ в купа към лазанята.

g) Покрийте с фолио и печете 45 минути. Отстранете капака и печете още 10 минути.

h) Оставете да престои 10 минути преди сервиране.

55. Равиоли от тиква с грах

Прави 4 порции

съставки
- 1 чаша тиквено пюре от консерва
- 1/2 чаша екстра-твърдо тофу, натрошено
- 2 супени лъжици смлян пресен магданоз
- Щипка смляно индийско орехче
- Сол и прясно смлян черен пипер
- 1[Тесто за паста без яйца](#)
- 2 или 3 средни шалот, нарязани
- 1 чаша замразен бейби грах, размразен

Упътвания

a) Използвайте хартиена кърпа, за да попиете излишната течност от тиквата и тофуто, след което смесете в кухненски робот с хранителната мая, магданоз, индийско орехче, сол и черен пипер на вкус. Заделени.

b) За да направите равиолите, разточете тестото за паста тънко върху леко набрашнена повърхност. Нарежете тестото на

c) Ленти с ширина 2 инча. Поставете 1 пълна чаена лъжичка от плънката върху 1 лента паста, на около 1 инч от върха.

d) Поставете още една чаена лъжичка пълнеж върху лентата паста, около един инч под първата лъжица пълнеж.

e) Повторете по цялата дължина на лентата тесто. Намокрете леко краищата на тестото с вода и поставете втора лента паста върху първата, покривайки пълнежа.

f) Притиснете двата слоя тесто един към друг между частите пълнеж. Използвайте нож, за да подрежете страните на тестото, за да стане право, след това нарежете напречно тестото между всяка купчина пълнеж, за да направите квадратни равиоли.

g) Не забравяйте да натиснете въздушните джобове около пълнежа, преди да запечатате. Използвайте зъбците на вилица, за да натиснете по краищата на тестото, за да запечатате равиолите.

h) Прехвърлете равиолите в набрашнена чиния и повторете с останалото тесто и сос. Заделени.

i) В голям тиган загрейте олиото на среден огън. Добавете шалота и гответе, като разбърквате от време на време, докато шалотът стане дълбоко златисто кафяв, но не изгорен, около 15 минути. Разбъркайте граха и подправете със сол и черен пипер на вкус. Поддържайте топло на много слаб огън.

j) В голяма тенджера с вряща подсолена вода сварете равиолите, докато изплуват нагоре, около 5 минути. Отцедете добре и прехвърлете в тигана с шалот и грах.

k) Гответе за минута-две, за да се смесят вкусовете, след което прехвърлете в голяма купа за сервиране.

l) Овкусете обилно с черен пипер и сервирайте веднага.

56. Юфка от тиквички с пармезан

Прави 2
Общо време: 7 минути

съставки
- 2 средни тиквички
- 2 супени лъжици масло
- 3 големи скилидки чесън, смлени
- 3/4 чаша сирене пармезан
- 1/4 чаена лъжичка червени люти чушки

Упътвания
a) Нарежете тиквичките на спирали или фиде с помощта на спирализатор за зеленчуци или белачка за жулиени. Заделете фидето.
b) Загрейте голям тиган на средно висока температура. Разтопете маслото, след това добавете чесъна. Гответе чесъна, докато стане ароматен и полупрозрачен, около 30 секунди.
c) Добавете нудълс от тиквички и гответе до омекване, около 3-5 минути.
d) Махнете тигана от котлона, добавете пармезана и овкусете обилно със сол и черен пипер на вкус.
e) Добавете люспи лют червен пипер, след което сервирайте топло.

57. Пържено тофу с бадемово масло

Прави 6

съставки

- 1 пакет от 12 унции допълнително фирмено тофу.
- 2 супени лъжици сусамово масло (разделени).
- 4 супени лъжици тамари с намалено съдържание на натрий
- 3 супени лъжици кленов сироп.
- 2 супени лъжици бадемово масло
- 2 супени лъжици сок от лайм.
- 1-2 чаени лъжички чили чеснов сос
- Зеленчуци
- Див ориз, бял ориз или ориз от карфиол.

Упътвания:

a) Когато фурната е предварително загрята, отвийте тофуто и го нарежете на малки кубчета.

b) Междувременно в малка купа за смесване добавете половината от сусамовото масло, тамари, кленов сироп, бадемово масло, сок от лайм и чили чеснов сос/червен пипер на люспи/корейски люти чушки. Смесете за интегриране.

c) Включете изпечено тофу към соса от бадемово масло и тамари и оставете да се маринова за 5 минути, като разбърквате понякога. Колкото по-дълго се маринова, толкова по-екстремен е вкусът, но смятам, че 5-10 минути са достатъчни.

d) Загрейте голям тиган на среден огън. Когато е горещо, добавете тофуто, като оставите по-голямата част от маринатата.

e) Гответе около 5 минути, като разбърквате понякога, докато покафенеят от всички страни и леко се карамелизират. Отървете се от тигана и оставете настрана.

f) В тигана добавете останалото сусамово масло от маринатата.

64. Купа Буда с киноа и нахут

Прави 2

съставки

нахут:

- 1 чаша сух нахут.
- 1/2 чаена лъжичка морска сол.

Киноа:

- 1 супена лъжица зехтин, масло от гроздови семки или масло от авокадо (или кокос).
- 1 чаша бяла киноа (добре изплакната).
- 1 3/4 чаша вода.
- 1 здравословна щипка морска сол.

Кале:

- 1 голям пакет къдраво зеле

Тахан сос:

- 1/2 чаша тахан.
- 1/4 чаена лъжичка морска сол.
- 1/4 чаена лъжичка чесън на прах.
- 1/4 чаша вода.

За сервиране:

- Пресен лимонов сок.

Упътвания:

a) Или накиснете нахута за една нощ в хладка вода, или използвайте подхода за бързо накисване: Добавете изплакнатия нахут в голяма тенджера и го покрийте с 2 инча вода. Отцедете, изплакнете и поставете обратно в тенджерата.

b) За да сготвите накиснат нахут, добавете в голяма тенджера и покрийте с 2 инча вода. Оставете да заври на силен огън, след това намалете топлината, за да заври, добавете сол и разбъркайте и гответе без капак за 40 минути - 1 час и 20 минути.

c) Вземете проба от зърна на 40-ата минута, за да видите колко са крехки. Веднага след като е готов, отцедете боба и го оставете настрана и поръсете с още малко сол.

d) Пригответе дресинга, като добавите тахан, морска сол и чесън на прах в малка купа за смесване и разбийте, за да се смесят. След това добавете вода малко по малко, докато се образува течен сос.

e) Добавете 1/2-инча вода в среден тиган и оставете да къкри на среден огън. Незабавно отстранете кейла от котлона и го прехвърлете в малка чиния за сервиране.

65. Лепкаво тофу с юфка

съставки:

- 1/2 голяма краставица.
- 100 мл оризов червен винен оцет.
- 2 супени лъжици златиста пудра захар.
- 100 мл растително масло.
- 200 гр. пакет фирмено тофу, нарязано на кубчета 3см.
- 2 супени лъжици кленов сироп.
- 4 супени лъжици кафява или бяла мисо паста.
- 30 г бял сусам.
- 250 г сушени спагети соба.
- 2 пресни глави лук, настъргани, за сервиране.

Упътвания:

a) С помощта на белачка отрежете тънки ленти от краставицата, като оставите семките. Поставете панделките в купа и оставете настрана. Внимателно загрейте оцета, захарта, 1/4 чаена лъжичка сол и 100 мл вода в тиган на среден огън за 3-5 минути, докато захарта се втечни, след това изсипете краставиците и оставете да се мариноват в хладилника, докато приготвяте тофуто .

b) Загрейте всичко освен 1 супена лъжица олио в голям тиган с незалепващо покритие на среден огън, докато на повърхността започнат да се издигат мехурчета. Включете тофуто и запържете за 7-10 минути.

c) В малка купа смесете заедно меда и мисо. Разпределете сусама в чиния. Намажете пърженото тофу с лепкавия меден сос и оставете настрана остатъците. Намажете тофуто равномерно със семената, поръсете с малко сол и оставете на топло място.

d) Пригответе юфката и разбъркайте с останалото масло, останалия сос и 1 супена лъжица течност за мариноване на краставици. Гответе 3 минути, докато се затопли.

66. Веганско барбекю терияки тофу

съставки:

- 4 супени лъжици соев сос с ниско съдържание на сол.
- 2 супени лъжици мека кафява захар.
- Щипка смлян джинджифил.
- 2 супени лъжици мирин.
- 3 супени лъжици сусамово масло.
- 350 g блок изключително твърдо тофу (вижте съвета по-долу), нарязан на дебели филийки.
- 1/2 супени лъжици рапично масло.
- 2 тиквички, нарязани хоризонтално на ивици.
- 200 г крехко стъбло броколи.
- Бял и черен сусам, за сервиране.

Упътвания:

a) Смесете соевия сос, меката кафява захар, джинджифила и мирина с 1 чаена лъжичка сусамово масло и намажете с него парчетата тофу.

b) Поставете ги в голямо, плитко ястие и сложете върху останалата марината. Охладете поне 1 час.

c) Загрейте барбекюто, докато въглищата побелеят, или загрейте тиган. Смесете останалото сусамово масло с рапичното олио и намажете резенчетата тиквичка и броколите.

d) Печете ги на барбекю над въглищата за 7-10 минути или докато наранят и след това ги оставете и дръжте на топло.

e) Печете парчетата тофу от двете страни върху въглищата за 5 минути (или използвайте тигана), докато покафенеят и станат хрупкави по краищата.

f) Сервирайте тофуто върху канапе от зеленчуци с престоялата марината и разпръснете върху сусамовите семена.

67. Тофу с коричка с репички

съставки:

- 200 г твърдо тофу.
- 2 супени лъжици сусам.
- 1 супена лъжица японско сашими тогараши.

Смес от подправки

- 1/2 супени лъжици царевично брашно.
- 1 супена лъжица сусамово масло.
- 1 супена лъжица растително масло.
- 200 г крехко стъбло броколи.
- 100 г захарен грах.
- 4 репички, нарязани на ситно.
- 2 глави зелен лук, внимателно нарязани.
- 3 кумкуата, много ситно нарязани.

За дресинга

- 2 супени лъжици японски соев сос с ниско съдържание на сол.
- 2 супени лъжици сок от юзу
- 1 чаена лъжичка златна пудра захар.
- 1 малък шалот, нарязан на ситно.
- 1 чаена лъжичка настърган джинджифил.

Упътвания:

a) Нарежете тофуто наполовина, покрийте добре с кухненска хартия и поставете в чиния. Поставете тежък тиган отгоре, за да изстискате водата от него. Променете хартията няколко пъти, докато тофуто стане сухо, след което нарежете на едри парчета.

b) Смесете заедно сусама, микса от японски подправки и царевичното брашно в купа. Напръскайте върху тофуто, докато се наслои добре. Заделени.

c) В малка купа смесете заедно съставките за дресинга. Сложете тиган с вода да заври за зеленчуците и загрейте двете масла в голям тиган.

d) Когато тиганът е много горещ, добавете тофуто и го запържете за около 1 минута от всяка страна, докато покафенее.

e) Когато водата заври, пригответе броколите и захарния грах за 2-3 минути.

68. Опушена салата от нахут и риба тон

Нахут тон:

- 15 унции варен нахут консервиран или друг.
- 2-3 супени лъжици безмлечно обикновено кисело мляко или веган майонеза.
- 2 супени лъжици дижонска горчица.
- 1/2 чаена лъжичка смлян кимион.
- 1/2 чаена лъжичка пушен червен пипер.
- 1 супена лъжица пресен лимонов сок.
- 1 стрък целина, нарязан на кубчета.
- 2 лука нарязани.
- Морска сол на вкус.

Сглобяване на сандвич:

- 4 парчета ръжен хляб или хляб от покълнала пшеница.
- 1 чаша детски спанак.
- 1 авокадо, нарязано или кубче.
- Сол + черен пипер.

Упътвания:

a) Пригответе салата от нахут и риба тон
b) В кухненски робот разбийте нахута, докато заприлича на груба, ронлива текстура. Изсипете нахута в средно голяма купа и добавете останалите активни съставки, като разбъркате, докато се смесят добре. Подправете с много морска сол по ваш вкус.
c) Направи си сандвич
d) Наредете бебешкия спанак върху всяка филия хляб; добавете няколко купчини салата от нахут и риба тон, разпределени равномерно. Отгоре поръсете резени авокадо, няколко зърна морска сол и прясно смлян черен пипер.

69. Кълнове със зелен фасул

съставки:

- 600 г брюкселско зеле, на четвъртинки и нарязани.
- 600 г зелен фасул.
- 1 супена лъжица зехтин.
- Кора и сок от 1 лимон.
- 4 супени лъжици препечени кедрови ядки.

Упътвания:

a) Гответе няколко секунди, след това добавете зеленчуците и запържете 3-4 минути, докато кълновете леко се оцветят.

b) Добавете стипка лимонов сок и сол и черен пипер на вкус.

70. Пилаф с гъби

Прави 2

съставки
- 1 чаша конопени семена
- 2 супени лъжици кокосово масло
- 3 средни гъби, нарязани на малки кубчета
- 1/4 чаша филирани бадеми
- 1/2 чаша зеленчуков бульон
- 1/2 чаена лъжичка чесън на прах
- 1/4 чаена лъжичка сушен магданоз
- Сол и черен пипер на вкус

Упътвания
a) Загрейте кокосовото масло в тиган на среден огън и го оставете да заври. Добавете филираните бадеми и гъбите в тигана, след като започне да шупне.
b) Добавете конопеното семе в тигана, след като гъбите омекнат. Всичко се разбърква старателно.
c) Добавете бульона и подправките.
d) Намалете котлона до средно слаб и оставете бульона да се накисне и да къкри.

71. Веган зелева салата

Прави 3

съставки
- 1/4 глава савойско зеле
- 1/3 чаша веган майонеза
- 1 супена лъжица лимонов сок
- 1 чаена лъжичка дижонска горчица
- 1/4 чаена лъжичка чесън на прах
- 1/4 чаена лъжичка лук на прах
- 1/4 чаена лъжичка черен пипер
- 1/8 чаена лъжичка червен пипер
- Щипка сол

Упътвания
a) Нарежете савойското зеле по дължина, така че всяка нишка да излиза чисто от зелето.
b) Комбинирайте зелето с всички останали съставки в купа за смесване. Хвърляйте наоколо.

72. Зеленчукова смесица

Прави 2

съставки

- 6 супени лъжици зехтин
- 240гр гъби Baby Bella
- 115 г броколи
- 90 г черен пипер
- 90 г спанак
- 2 супени лъжици тиквени семки
- 2 супени лъжици смлян чесън
- 1 чаена лъжичка сол
- 1 чаена лъжичка пипер
- 1/2 чаени лъжички люспи от червен пипер

Упътвания

a) Загрейте зехтина в тиган уок на силен огън. Добавете чесъна и гответе за минута.

b) Когато чесънът започне да покафенява, добавете гъбите и разбъркайте, за да се комбинират.

c) След като гъбите са поели по-голямата част от маслото, добавете броколите и чушките и всичко се разбърква добре.

d) Сложете всички подправки и тиквените семки.

e) След като зеленчуците са готови, поръсете ги със спанак и ги оставете на парата да извяхнат.

f) Смесете всичко заедно и сервирайте, след като спанакът повяхне.

73. Печен зелен фасул

Прави 4

съставки
- 1 lb. Зелен фасул
- 1/4 чаша зехтин
- 1/2 чаша нарязани пекани
- 1 лимонова кора
- 2 супени лъжици смлян чесън
- 1 чаена лъжичка люспи от червен пипер

Упътвания
a) В кухненски робот смелете пеканите.
b) Разбъркайте зеления фасул със зехтин, лимонова кора, смлян чесън и люспи от червен пипер.
c) Загрейте фурната до 350°F и изпечете зеления фасул за 20-25 минути.
d) Гарнирайте със смлени пекани.

74. Пържени кълнове от зеле

Прави 2

съставки
- 1/2 пакет Кълнове от кейл
- Масло за дълбоко пържене
- Сол и черен пипер на вкус

Упътвания
a) Във фритюрник загрейте олиото, докато се сгорещи.
b) Поставете кълновете кейл в кошницата на фритюрника.
c) Продължете да готвите кълновете от зеле, докато краищата на луковицата покафенеят и листата станат тъмнозелени.
d) Извадете от кошницата и изцедете излишната мазнина върху хартиени кърпи.
e) Добавете сол и черен пипер на вкус и се насладете!

75. Зеленчуци на скара

Прави 6 порции

съставки
- 2 средни тиквички
- 8 унции гъби
- 2 чушки
- 4 супени лъжици масло от авокадо
- 1/2 чаена лъжичка сух риган
- 1/2 чаена лъжичка сух босилек
- 1/4 чаена лъжичка чесън на прах
- 1/2 чаена лъжичка сух розмарин

Упътвания
a) Смесете олиото със сушените подправки. Добавете щипка сол и черен пипер.
b) Залейте зеленчуците с маринатата и оставете да престоят 10 минути или повече, докато загрявате барбекюто.
c) Пригответе зеленчуците на барбекю на доста горещ огън. Гответе зеленчуците, докато станат крехки, и сервирайте!

76. Смесена зелена салата

Прави 1

съставки

Салата

- 2 OZ. Смесени Зелени
- 3 супени лъжици кедрови ядки или бадеми, печени
- 2 супени лъжици предпочитан винегрет
- 2 супени лъжици настърган пармезан
- 1 авокадо, костилката и кожата се отстраняват и се нарязват
- Сол и черен пипер на вкус

Упътвания

a) Сервиране: Разбъркайте зеленчуците с кедровите ядки и винегрета.
b) Подправете със сол и черен пипер на вкус и гарнирайте с пармезан.
c) Наслади се.

77. Тофу и салата бок чой

Прави 3

съставки
- 15 унции Екстра твърдо тофу
- 9 унции Бок Чой

Марината
- 1 супена лъжица соев сос
- 1 супена лъжица сусамово масло
- 1 супена лъжица вода
- 2 супени лъжици смлян чесън
- Сок от 1/2 лимон

сос
- 1 стрък зелен лук
- 2 супени лъжици кориандър, нарязан
- 3 супени лъжици кокосово масло
- 2 супени лъжици соев сос
- 1 супена лъжица Sriracha
- 1 супена лъжица фъстъчено масло
- Сок от 1/2 лайм
- 7 капки течна стевия

Упътвания
a) Загрейте фурната до 350 градуса по Фаренхайт.
b) Комбинирайте всички съставки за марината в купа за смесване (соев сос, сусамово масло, вода, чесън и лимон).
c) Тофуто се нарязва на квадрати и се смесва с марината в найлонов плик. Мариновайте за 10 минути или повече.
d) Извадете тофуто и печете за 15 минути върху тава за печене.
e) В съд за смесване комбинирайте всички съставки за соса.
f) Извадете тофуто от фурната и смесете тофуто, бок чой и соса в купа за салата.

78. Веган салата от краставици

Прави 1

съставки
- 3/4 голяма краставица
- 1 пакет юфка Ширатаки
- 2 супени лъжици кокосово масло
- 1 среден пролетен лук
- 1/4 чаена лъжичка люспи от червен пипер
- 1 супена лъжица сусамово масло
- 1 чаена лъжичка сусамово семе
- Сол и черен пипер на вкус

Упътвания
a) Загрейте 2 супени лъжици кокосово масло в тиган на средно висока температура.
b) Добавете фидето и покрийте. Гответе 5-7 минути или докато станат хрупкави и покафенеят.
c) Извадете юфката Ширатаки от тигана и я отцедете върху хартиени кърпи. Заделени.
d) Нарежете на тънко краставицата и я сложете в купа. Поръсете с пресен лук, люспи от червен пипер, сусамово масло и юфка.
e) Подправете на вкус със сол и черен пипер.
f) Гарнирайте със сусам и сервирайте в чиния.

79. Темпе и сладки картофи

Прави 4 порции

съставки
- 1 паунд темпе
- 2 супени лъжици соев сос
- 1 чаена лъжичка смлян кориандър
- $1/2$ чаена лъжичка куркума
- 2 супени лъжици зехтин
- 3 големи шалот, нарязани
- 1 или 2 средни сладки картофа, обелени и нарязани на 1/2-инчови кубчета
- 2 супени лъжици настърган пресен джинджифил
- 1 чаша сок от ананас
- 2 супени лъжици светлокафява захар
- Сок от 1 лайм

Упътвания

a) В средно голяма тенджера с кипяща вода гответе темпе за 30 минути. Прехвърлете го в плитка купа. Добавете 2 супени лъжици соев сос, кориандър и куркума, като разбъркате. Заделени.

b) В голям тиган загрейте 1 супена лъжица олио на среден огън. Добавете темпето и гответе, докато покафенее от двете страни, около 4 минути на страна. Извадете от тигана и оставете настрана.

c) В същия тиган загрейте останалите 2 супени лъжици масло на среден огън. Добавете шалота и сладките картофи. Покрийте и гответе, докато леко омекнат и покафенеят, около 10 минути.

d) Разбъркайте джинджифила, сока от ананас, останалата 1 супена лъжица соев сос и захарта, като разбъркате, за да се смесят.

e) Намалете топлината до ниска, добавете свареното темпе, покрийте и гответе, докато картофите омекнат, около 10 минути. Прехвърлете темпето и сладките картофи в чиния за сервиране и ги дръжте на топло.

f) Разбъркайте сока от лайм в соса и оставете да къкри за 1 минута, за да се смесят вкусовете.

g) Полейте соса върху темпето и сервирайте веднага.

80. Корейска салата с киноа

За салатата:

- 1/2 чаша сварена киноа Използвах комбинация от червено и бяло.
- 3 супени лъжици настърган морков.
- 2 супени лъжици червен пипер, внимателно нарязан.
- 3 супени лъжици краставица, нарязана на ситно.
- Ако е замразено, 1/2 чаша едамаме размразено.
- 2 лука, ситно нарязани.
- 1/4 чаша червено зеле, ситно нарязано.
- 1 супена лъжица кориандър, внимателно нарязан.
- 2 супени лъжици печени фъстъци, нарязани (по желание).
- На вкус сол.

Корейски фъстъчен дресинг:

- 1 супена лъжица кремообразно натурално фъстъчено масло.
- 2 супени лъжици соев сос с ниско съдържание на сол.
- 1 чаена лъжичка оризов оцет.
- 1/2 чаена лъжичка сусамово масло.
- 1/2 - 1 чаена лъжичка сос шрирача (по желание).
- 1 скилидка чесън, внимателно смляна.
- 1/2 чаена лъжичка настърган джинджифил.
- 1 чаена лъжичка лимонов сок.
- 1/2 чаена лъжичка нектар от агаве (или мед).

Упътвания:

a) Направете корейски фъстъчен дресинг:

b) Комбинирайте всички съставки за носене в малка купа и разбъркайте, докато се смесят добре.

c) За да направите салата:

d) Интегрирайте киноата със зеленчуците в купа за смесване. Включете дресинга и разбъркайте добре, за да се интегрира.

e) Напръскайте печените фъстъци отгоре и сервирайте!

81. Сорбе от авокадо и лайм с кориандър

Прави 4

съставки
- 2 авокадо (отстранени костилката и кожата)
- 1/4 чаша еритритол, смлян на прах
- 2 средни лайма, изстискани и без кора
- 1 чаша кокосово мляко
- 1/4 чаена лъжичка течна стевия
- 1/4 – 1/2 чаша кориандър, нарязан

Упътвания
a) Оставете кокосовото мляко да заври в тенджера. Добавете кората от лайм.
b) Оставете сместа да се охлади и след това замразете.
c) В кухненски робот смесете авокадото, кориандъра и сока от лайм. Разбийте, докато сместа придобие плътна текстура.
d) Изсипете сместа от кокосово мляко и течната стевия върху авокадото. Разбийте сместа заедно, докато достигне подходящата консистенция. Отнема приблизително 2-3 минути, за да изпълните тази задача.
e) Върнете във фризера за размразяване или сервирайте веднага!

82. Чийзкейк с тиквен пай

Прави 1

съставки
Кората
- 3/4 чаша бадемово брашно
- 1/2 чаша брашно от ленено семе
- 1/4 чаша масло
- 1 чаена лъжичка подправка за тиквен пай
- 25 капки течна стевия

Пълнежът
- 6 унции Веган крема сирене
- 1/3 чаша тиквено пюре
- 2 супени лъжици сметана
- 1/4 чаша веган тежка сметана
- 3 супени лъжици масло
- 1/4 чаена лъжичка подправка за тиквен пай
- 25 капки течна стевия

Упътвания

a) Комбинирайте всички сухи съставки на кората и разбъркайте добре.

b) Пасирайте заедно сухите съставки с маслото и течната стевия, докато се образува тесто.

c) За вашите мини формички за тарт, разточете тестото на малки сфери.

d) Притиснете тестото към страната на тавата за тарта, докато достигне и се изкачи по стените.

e) Комбинирайте всички съставки за пълнежа в купа за смесване.

f) Смесете заедно съставките за пълнежа с помощта на потапящ се блендер.

g) След като съставките за плънката станат гладки, разпределете ги в кората и охладете.

h) Извадете от хладилника, нарежете и намажете с бита сметана, ако желаете.

83. Мока сладолед

Прави 2

съставки
- 1 чаша кокосово мляко
- 1/4 чаша веган тежка сметана
- 2 супени лъжици еритритол
- 20 капки течна стевия
- 2 супени лъжици какао на прах
- 1 супена лъжица разтворимо кафе
- Мента

Упътвания

a) Смесете всички съставки и след това прехвърлете във вашата машина за сладолед и разбийте според инструкциите на производителя за 15-20 минути.

b) Когато сладоледът е леко замръзнал, сервирайте веднага с лист мента.

84. Понички с череши и шоколад

Прави 12

Сухи съставки

- 3/4 чаша бадемово брашно
- 1/4 чаша златно брашно от ленено семе
- 1 чаена лъжичка бакпулвер
- Щипка сол
- 10 г блокчета черен шоколад, нарязан на кубчета

Мокри съставки

- 2 големи яйца
- 1 чаена лъжичка екстракт от ванилия
- 2 1/2 супени лъжици кокосово масло
- 3 супени лъжици кокосово мляко

Упътвания

a) В голяма купа за смесване смесете сухите съставки (с изключение на черния шоколад).

b) Смесете мокрите съставки и след това сгънете парченцата черен шоколад.

c) Включете машината за понички и я намаслете, ако е необходимо.

d) Изсипете тестото в уреда за понички, затворете и гответе около 4-5 минути.

e) Намалете котлона и гответе още 2-3 минути.

f) Повторете за останалата част от тестото и след това сервирайте.

85. Пудинг от къпини

Прави 1

съставки

- 1/4 чаша кокосово брашно
- 1/4 чаена лъжичка бакпулвер
- 2 супени лъжици кокосово масло
- 2 супени лъжици веганско масло
- 2 супени лъжици веган тежка сметана
- 2 супени лъжици лимонов сок
- Кора от 1 лимон
- 1/4 чаша къпини
- 2 супени лъжици еритритол
- 20 капки течна стевия

Упътвания

a) Загрейте фурната до 350 градуса по Фаренхайт.
b) Пресейте сухите съставки върху мокрите компоненти и разбъркайте на ниска скорост, докато се комбинират напълно.
c) Разделете тестото между две рамекини.
d) Поставете къпините в горната част на тестото, за да ги разпределите равномерно в тестото.
e) Пече се 20-25 минути.
f) Сервирайте с купчина тежка разбита сметана отгоре!

86. Тиквен пай с кленов сироп

Прави 8 порции

съставки

- 1 веган кора за пай
- 1 (16-унция) кутия твърда опаковка тиква
- 1 пакет (12 унции) изключително твърдо копринено тофу, отцедено
- 1 чаша захар
- 2 супени лъжици смляна канела
- 1/2 чаена лъжичка смлян бахар
- 1/2 чаена лъжичка смлян джинджифил
- 1/2 чаена лъжичка смляно индийско орехче

Упътвания

a) Смесете тиквата и тофуто в кухненски робот до гладкост. Добавете захарта, кленовия сироп, канелата, бахара, джинджифила и индийското орехче, докато сместа стане гладка.

b) Загрейте фурната до 400 градуса по Фаренхайт.

c) Напълнете кората с плънката. Печете 15 минути при 350°F.

87. Селски селски пай

Прави 4 до 6 порции

съставки
- Картофи Yukon Gold, обелени и нарязани на кубчета
- 2 супени лъжици веган маргарин
- 1/4 чаша обикновено неподсладено соево мляко
- Сол и прясно смлян черен пипер
- 1 супена лъжица зехтин
- 1 средно голяма глава жълт лук, нарязан на ситно
- 1 среден морков, нарязан на ситно
- 1 ребро целина, нарязано на ситно
- 12 унции сейтан, ситно нарязан
- 1 чаша замразен грах
- 1 чаша замразени царевични зърна
- 1 чаена лъжичка сушена чубрица
- 1/2 чаена лъжичка сушена мащерка

Упътвания

a) В тенджера с вряща подсолена вода сварете картофите, докато омекнат, 15 до 20 минути.

b) Отцедете добре и върнете в тенджерата. Добавете маргарина, соевото мляко и сол и черен пипер на вкус.

c) Намачкайте едро с преса за картофи и оставете настрана. Загрейте фурната до 350°F.

d) В голям тиган загрейте олиото на среден огън. Добавете лука, моркова и целината.

e) Покрийте и гответе, докато омекне, около 10 минути. Прехвърлете зеленчуците в тава за печене 9 x 13 инча. Разбъркайте сейтана, гъбения сос, граха, царевицата, чубрицата и мащерката.

f) Подправете със сол и черен пипер на вкус и разпределете сместа равномерно в тавата за печене.

g) Отгоре се нарежда картофеното пюре, като се разстила до краищата на тавата за печене. Печете, докато картофите покафенеят и плънката стане мехурчеста, около 45 минути.

h) Сервирайте веднага.

88. Шоколадово амарето фондю

Прави 4 порции

съставки
- 3 унции неподсладен шоколад за печене
- 1 чаша тежка сметана
- 24 пакетчета подсладител аспартам
- 1 супена лъжица захар
- 1 чаена лъжичка амарето
- 1 чаена лъжичка ванилов екстракт
- Горски плодове, ½ чаша на порция

Упътвания
a) Начупете шоколада на малки парченца и го поставете в стъклена мярка за 2 чаши със сметаната.
b) Загрейте в микровълновата на висока степен, докато шоколадът се разтопи, около 2 минути. Разбийте докато сместа стане лъскава.
c) Добавете подсладителя, захарта, амарето и ванилията, като разбивате, докато сместа стане гладка.
d) Прехвърлете сместа в съд за фондю или купа за сервиране. Сервирайте с горски плодове за потапяне.

89. Фланове с малиново кули

Прави 2 до 4 порции

съставки

- 1 чаша мляко
- 1 чаша половин и половина
- 2 големи яйца
- 2 големи жълтъка
- 6 пакетчета подсладител аспартам
- $\frac{1}{4}$ чаена лъжичка кошер сол
- 1 чаена лъжичка ванилов екстракт
- 1 чаша пресни малини

Упътвания

a) Поставете тава за печене, пълна с 1 инч вода върху решетка в долната третина на фурната.

b) Масло шест $\frac{1}{2}$-инчови рамекини. Загрейте млякото и половината и половина в микровълновата фурна на висока мощност (100 процента мощност) за 2 минути или на котлона в средна тенджера, докато се затопли.

c) Междувременно разбийте яйцата и жълтъците в средна купа, докато станат на пяна.

d) Постепенно разбийте горещата млечна смес към яйцата. Разбъркайте подсладителя, солта и ванилията. Изсипете сместа в подготвените рамекини.

e) Поставете в пълните с вода тенджери и печете, докато кремовете стегнат, около 30 минути.

f) Извадете съдовете от тавата за печене и охладете до стайна температура върху решетка, след което охладете, докато се охладят, около 2 часа.

g) За да направите кули, просто пасирайте малините в кухненския робот. Добавете подсладител на вкус.

h) За сервиране прокарайте лъжица около ръба на всеки крем и го обърнете върху десертна чиния.

i) Поръсете кули върху горната част на крема и завършете с няколко пресни малини и стрък мента, ако използвате.

90. Плодови топчета в бърбън

Прави 2 порции

съставки
- ½ чаша топчета от пъпеш
- ½ чаша нарязани на половинки ягоди
- 1 супена лъжица бърбън
- 1 супена лъжица захар
- ½ пакет аспартам подсладител
- Стръкчета прясна мента за украса

Упътвания
a) Комбинирайте топчетата от пъпеш и ягодите в стъклен съд.
b) Разбъркайте с бърбъна, захарта и аспартама.
c) Покрийте и охладете до времето за сервиране. Сложете плодовете в десертни чинии и украсете с листенца мента.

91. Дресинг от чесново ранчо

съставки

- 1 чаена лъжичка чесън на прах
- 2 супени лъжици майонеза
- 2 супени лъжици дижонска горчица
- 2 супени лъжици пресен лимонов сок
- Сол и прясно смлян черен пипер на вкус

Упътвания

a) Смесете всички съставки в купа за салата.
b) Поръсете със салата и сервирайте.

92. Дресинг от червен лук и кориандър

съставки

- 1 чаена лъжичка ситно нарязан червен лук
- $\frac{1}{2}$ чаена лъжичка ситно нарязан кристализиран джинджифил
- 1 супена лъжица бланширани и нарязани бадеми
- 2 супени лъжици сусам
- $\frac{1}{4}$ чаена лъжичка семена от анасон
- 1 чаена лъжичка смлян пресен кориандър
- $\frac{1}{8}$ чаена лъжичка кайен
- 1 супена лъжица бял винен оцет
- 1 супена лъжица екстра върджин зехтин

Упътвания

a) В малка купа смесете лука, джинджифила, бадемите, сусамовите семена, семената от анасон, кориандъра, лютия червен пипер и оцета.

b) Разбъркайте зехтина, докато се смеси добре.

93.   Дресинг с крем Dilly Ranch

съставки

- 2 супени лъжици майонеза
- 1 супена лъжица ситно нарязан пресен копър
- 1 супена лъжица бял винен оцет
- 1 чаена лъжичка дижонска горчица

Упътвания

a) Разбъркайте заедно всички съставки в купа за салата.

b) Поръсете със салата и сервирайте.

94.   Горещ ча ча дресинг

съставки

- 1 супена лъжица екстра върджин зехтин
- 1 супена лъжица майонеза
- 2 супени лъжици мека или гореща салса
- $\frac{1}{4}$ чаена лъжичка прясно смлян черен пипер
- $\frac{1}{8}$ чаена лъжичка смлян кимион
- 1 чаена лъжичка чесън на прах
- $\frac{1}{4}$ чаена лъжичка риган
- Кайен на вкус (по желание)
- Сол и прясно смлян черен пипер на вкус

Упътвания

a) Смесете добре всички съставки в малка купа.

b) Опитайте на вкус и коригирайте подправките.

95. Винегрет в стил каджун

съставки

- 2 супени лъжици червен винен оцет
- $\frac{1}{2}$ чаена лъжичка сладък червен пипер
- $\frac{1}{2}$ чаена лъжичка зърнеста дижонска горчица
- $\frac{1}{8}$ чаена лъжичка кайен или на вкус
- $\frac{1}{8}$ чаена лъжичка (или по-малко) заместител на захарта, по желание или на вкус
- 2 супени лъжици зехтин екстра върджин
- сол и прясно смлян черен пипер на вкус

Упътвания

a) Разбъркайте заедно всички съставки в купа за салата. Опитайте на вкус и коригирайте подправките.

b) Сложете зелена салата отгоре, разбъркайте и сервирайте.

96.   Винегрет с горчица

съставки

- 2 супени лъжици зехтин екстра върджин
- 2 супени лъжици зърнеста горчица
- 1 супена лъжица чесън на прах
- $\frac{1}{2}$ чаена лъжичка готов хрян
- 2 супени лъжици червен винен оцет
- $\frac{1}{4}$ чаена лъжичка захар
- Сол и прясно смлян черен пипер на вкус

Упътвания

a) Смесете всички съставки в купа за салата. Опитайте на вкус и коригирайте подправките.

b) Наредете със зелената салата и разбъркайте точно преди сервиране.

97. Винегрет от джинджифил и черен пипер

съставки

- 1 супена лъжица оризов винен оцет
- $\frac{1}{4}$ чаена лъжичка захар
- 1 скилидка чесън, нарязана на ситно
- $\frac{1}{2}$ чаена лъжичка ситно нарязан пресен джинджифил
- $\frac{1}{4}$ чаена лъжичка натрошени сушени люти чушки
- $\frac{1}{4}$ чаена лъжичка суха горчица
- $\frac{1}{4}$ чаена лъжичка сусамово масло
- 2 супени лъжици растително масло

Упътвания

a) Смесете всички съставки в купа за салата. Опитайте на вкус и коригирайте подправките.

b) Наредете със зелена салата и разбъркайте точно преди сервиране.

98. Цитрусов винегрет

съставки

- 1 супена лъжица пресен лимонов сок
- 1 супена лъжица пресен сок от лайм
- 1 супена лъжица пресен портокалов сок
- 1 чаена лъжичка оризов винен оцет
- 3 супени лъжици зехтин екстра върджин
- $\frac{1}{2}$ чаена лъжичка захар
- Сол и прясно смлян черен пипер на вкус

Упътвания

a) Смесете всички съставки в голяма купа за салата. Наредете листа от маруля върху дресинга.

b) Разбъркайте точно преди сервиране.

99. Бял пипер и карамфил

съставки

- $\frac{1}{4}$ чаша бял пипер на зърна
- 1 супена лъжица смлян бахар
- 1 супена лъжица смляна канела
- 1 супена лъжица смляна чубрица
- 2 супени лъжици цели скилидки
- 2 супени лъжици смляно индийско орехче
- 2 супени лъжици червен пипер
- 2 супени лъжици сушена мащерка

Упътвания

a) Комбинирайте всички съставки в блендер или кухненски робот.

b) Съхранявайте в буркан с плътно затварящ се капак.

100. Сух червен пипер

съставки

- 3 супени лъжици чесън на прах
- 3 супени лъжици червен пипер
- 1 супена лъжица чили на прах
- 2 чаени лъжички сол
- 1 чаена лъжичка прясно смлян черен пипер или на вкус
- $\frac{1}{4}$ чаена лъжичка кайен

Упътвания

a) Смелете сместа от подправки в кухненски робот или блендер или използвайте хаванче и пестик.

b) Съхранявайте в буркан с плътно затварящ се капак.

ЗАКЛЮЧЕНИЕ

Ако мислите, че корейската храна е всичко за барбекю месо и пържено пиле, помислете отново! Традиционно корейската кухня разчита предимно на зърнени храни, бобови растения и зеленчуци. Месото е било оскъдно, така че нашите предци не са яли толкова много месо, колкото ние в наши дни.

Ingram Content Group UK Ltd.
Milton Keynes UK
UKHW020610190723
425408UK00009B/41